westermann-colleg Raum + Gesellschaft

Heft 2

PROF. DR. HELMUT RUPPERT Bevölkerungsentwicklung
und
Mobilität

westermann

© Georg Westermann Verlag
Druckerei und Kartographische Anstalt
Braunschweig 1975
1. Auflage 1975
Verlagslektor: H.-H. Schwarzer, Braunschweig
Layout und Herstellung: B. Kühling
Umschlagentwurf: G. Gücker, Braunschweig
Kartographie: J. Zwick, Gießen
Graphiken: H. Hirschberger, Braunschweig
Gesamtherstellung: Westermann, Braunschweig 1975

ISBN 3 - 14 - 15 1002 - 5

Inhalt

Einführung zu „Raum + Gesellschaft" 5

Einführung in Heft 2 7

1. Bevölkerungsstruktur und natürliche Bevölkerungsbewegung 9
1.1. Die generative Struktur einer Bevölkerung 9
1.1.1. Die generative Struktur der vorindustriellen europäischen Agrargesellschaft 10
1.1.2. Die generative Struktur des kapitalintensiven Industriesystems 10
1.2. Der Altersaufbau der Bevölkerung 11
1.2.1. Grundformen der Alterspyramide 11
1.2.2. Altersgliederung der Bundesrepublik Deutschland 12
1.2.3. Der Prognoseaspekt der Altersstruktur 12
1.3. Geburten und Sterblichkeit (Mortalität) als demographische Variable 13
1.4. Stirbt das deutsche Volk aus? 15

2. Bevölkerungsverteilung und Bevölkerungsentwicklung 19
2.1. „Regelmäßigkeiten" globaler Bevölkerungsverteilung 19
2.2. Die Bevölkerungsentwicklung 21
2.3. Zum Problem des Bevölkerungswachstums 25
2.3.1. Die Gedanken des Th. R. Malthus zur Bevölkerungsvermehrung 25
2.3.2. Zum Problem der Unterversorgung der Bevölkerung 26
2.3.3. Zur „Übervölkerung" und Tragfähigkeit der Erde 27
2.3.4. Die Tragfähigkeit der Erde 28

3. Gesellschaftsstruktur 31
3.1. Die Bevölkerung als sozialer Körper 31
3.1.1. Soziale Schichtung und Gesellschaftsstatus 31
3.1.2. Bestimmungsfaktoren der Sozialstruktur im historischen Vergleich 32
3.1.3. Die soziale Mobilität 33
3.1.4. Typen sozialer (vertikaler) Mobilität 33
3.1.5. Die Berufs- und Erwerbsstruktur als Indikatoren der sozialen Schichtung 34
3.2. Erwerbsbevölkerung 36
3.2.1. Verhältnis von generativer Bevölkerungsstruktur und Erwerbsbevölkerung 36
3.2.2. Hängt die wirtschaftliche Entwicklung von der Bevölkerungszahl ab? 37
3.2.3. Schulische und berufliche Ausbildung wirken auf die Erwerbsbevölkerung 37
3.2.4. Die Erwerbsbeteiligung in Staaten unterschiedlicher wirtschaftlicher Entwicklung . . . 40
3.2.5. Die Erwerbsbeteiligung in der Bundesrepublik Deutschland 42
3.2.6. Die Mobilität der Arbeitskraft und interregionale Wachstumsunterschiede 44
3.2.7. Das Problem der Gastarbeiter 45

4. Bevölkerungswanderung (Mobilität) 53
4.1. Zusammenhang zwischen sozialer, wirtschaftlicher und räumlicher Mobilität 53
4.1.1. Was versteht man unter Wanderung? 53

4.1.2.	Umfang der räumlichen Mobilität	55
4.1.3.	Gesellschaftliche Randbedingungen der räumlichen Mobilität	55
4.1.4.	Die Bedeutung positiver Wanderungssalden für die Gemeinden	56
4.2.	*Wichtige prozessuale Abläufe bei der Binnenwanderung*	59
4.2.1.	Die Abwanderung aus ländlichen Gebieten	59
4.2.2.	Die Abwanderung aus industriellen Problemgebieten	61
4.2.3.	Die Höhen- und Bergflucht der Bevölkerung	61
4.2.4.	Die Bevölkerungsballung in Großstädten und Verdichtungsräumen	62
4.3.	*Wanderungsmotive und Regelhaftigkeiten der Wanderung*	77
4.3.1.	Wanderungsmotive (Abhängigkeitsrelationen)	78
4.3.2.	Regelhaftigkeiten der Wanderung	85
4.3.3.	Die mobile Gesellschaft	87

Einführung zu „Raum + Gesellschaft"

Die vorliegende Reihe will im Rahmen des gesellschaftswissenschaftlichen Aufgabenfeldes Arbeits- und Informationsmaterial für Grund- und Leistungskurse anbieten, die ihren Standort sowohl im Rahmen des Prüfungsfaches Gemeinschaftskunde als auch des Prüfungsfaches Geographie haben können.

Zugeordnet zur Gemeinschaftskunde spielen geographische Grundkurse in den Richtlinien der einzelnen Bundesländer eine unterschiedliche Rolle. Ihre Themen sind aber durchweg der raumbezogenen Behandlung von sozialen, wirtschaftlichen oder/und politischen Prozessen zuzuweisen, wobei konkreten Problemen der Raumplanung ein besonderes Gewicht beizumessen ist. So zeigen auch die neun in dieser Reihe geplanten Hefte einen engen Bezug zu den drei gesellschaftswissenschaftlich bestimmten Problemkreisen sozialer, wirtschaftlicher und politischer Prozesse sowie zur Landschaftsökologie.

Für den Einsatz in Grund- und Leistungskursen scheint die Aufgliederung in thematische Einzelhefte die optimale Form der wahlfreien Unterrichtsgestaltung zu bieten. Gerade die weitgehend beliebige Kombination des Stundenplans aus dem gegebenen Kursangebot läßt der Wahl des Schülers im Rahmen der Gesellschaftswissenschaften noch weiten Spielraum für die Verfolgung eigener Interessen. Es gilt in diesem Zusammenhang als Vorteil, wenn für jeden angebotenen Geographie-Kurs ein eigenständiges Heft zur Verfügung steht, das grundlegendes Informations- und Arbeitsmaterial bereithält.

Damit hoffen die Verfasser zugleich der besonderen Stellung der Geographie als übergreifendem Fach von Natur-, Wirtschafts- und Geisteswissenschaften Rechnung tragen zu können und auch für die Organisation von Leistungskursen im Fach Geographie geeignetes grundständiges Informations- und Arbeitsmaterial für die Hand des Schülers anzubieten. Die Möglichkeit der Erweiterung und Vertiefung der Themen der Grundkurse für die Themenauswahl der Leistungskurse heben auch bereits die „Empfehlungen der Arbeitsgruppe ‚Lehrpläne'" (S. 488 in GR 12/1971) hervor, wobei dann die Funktion der Hefte des vorgelegten Unterrichtswerkes im wesentlichen die einer themen- und stufengerechten Einführung in den Themenkreis sein würde. Der Schüler könnte dann daraus Anregungen für eigene Weiterarbeit und selbständig zu untersuchende Fragestellungen gewinnen.

Folgerichtig steht daher im Mittelpunkt der allgemeinen Zielsetzung der vorgelegten Konzeption das Lernen lernen, verbunden mit dem Ziel ständiger Überprüfung des Verhaltens eines Menschen durch Erfahrung. Dabei geht es um die Vermittlung von Erfahrungen im Wissenserwerb, bei der Aneignung von Arbeitstechniken und Methoden und um die Gewinnung von Kritikfähigkeit und Methodenbewußtsein.

Im gesellschaftswissenschaftlichen Aufgabenfeld ist sowohl die Forderung nach staatsbürgerlicher Grundbildung als auch — besonders im Leistungskurs — die Vermittlung vertieften wissenschaftspropädeutischen Verständnisses zu berücksichtigen. Politische Grundbildung dürfte durch die Themenwahl und die Art der Darbietung, die kontroverse Denkansätze, kritische Reflexion und politisches Urteilsvermögen herausfordern und schulen, gefördert werden. Der wissenschaftspropädeutische Anspruch wird durch den notwendigen Einsatz fachmethodischen Denkens und die Vermittlung von Informationsmaterial zur methodenbewußten Verarbeitung erfüllt.

Die vorliegende Reihe ist abgestimmt auf den Beitrag der Geographie zu einem vertieften politischen Verständnis der Gegenwart, das auf Sachwissen, Sachverständnis und Methodenbewußtsein aufbaut. Gemäß der integrativen Stellung geographischer Probleme wird versucht, stets eine raumwissenschaftlich übergreifende Analyse der anstehenden Fragen zu ermöglichen, um daraus anschließend wissenschaftlich fundierte Lösungsversuche ableiten und begründen zu können.

Die beiden Ansätze der informativen Wissensvermittlung und der Aufforderung zur Eigentätigkeit — verbunden mit kritischer Stellungnahme — werden in dem Kollegheft jeweils mit unterschiedlicher Schwerpunktbildung verwirklicht. Vertieftes wissenschaftspropädeutisches Verständnis ist unmöglich denkbar ohne die Kenntnisnahme einer Fülle von Fakten und den Umgang mit ganz verschiedenartigem Material. Der Schüler muß zunächst einmal vertraut gemacht werden mit den sachlichen Grundlagen der Problemstellung, um dann zur Lösung unserer Gegenwartsproleme vordringen und einen eigenen Beitrag leisten zu können.

Dem tragen die Einzelhefte Rechnung, wenn auch im Hinblick auf die Themen Unterschiede in der Ausführlichkeit der verschiedenen Ansätze bestehen. In einigen Heften überwiegt stärker der informative Ansatz, es handelt sich dabei zum Teil um Stoffgebiete, die großenteils auf Informationen aus Nachbarwissenschaften wie Soziologie und Wirtschaftswissenschaften aufbauen müssen. Andere Hefte sind stärker projektähnlich durchgeführt und lassen der Eigeninitiative der Schüler für die Einleitung von Denk- und Arbeitsprozessen erheblichen Spielraum.

Bei der Analyse und dem Auffinden von möglichen Lösungen soll in erster Linie problemgerecht vorgegangen werden, es liegt aber im selbstgewählten Auftrag der Unterrichtsreihe, daß der Beitrag geographischer Methoden zur Lösung jeweils besondere Beachtung erfährt.

Darstellungsteil und Arbeitsmaterial sind so angeordnet, daß der Schüler zu eigenständigem Arbeiten angeregt wird. Vielfach ist es möglich, aus dem vorliegenden Material innerhalb von Schülergruppen neue fruchtbare Fragestellungen zu entwickeln, die dann in Einzelreferaten oder Gruppenarbeit eine weitere Untersuchung erfahren können. Es soll für den Schüler Aufforderungscharakter gewinnen und ihn auf diese Weise allmählich an die Situation heranführen, der er auch im Studium begegnet: Das Material liegt ausgebreitet vor ihm; auf ihn selbst aber kommt es an, was er daraus macht und wozu er es benutzt.

Der Schüler soll erkennen, daß jede Materialauswahl grundsätzlich der Gefahr der Manipulation unterworfen ist. Er soll daraus die Notwendigkeit weiterer Materialbeschaffung und die berechtigte Forderung nach eigener Meinungsbildung ableiten. Das in den Heften vorgelegte Material kann stets nur Arbeits- und Orientierungsgrundlage sein, ist also insgesamt als „offen" zu betrachten und bedarf daher der zeitlichen und räumlichen Ergänzung und Vertiefung. Es ist aber insofern vollständig, als es in seiner Gesamtheit die im geographischen Arbeitsbereich des gesellschaftswissenschaftlichen Aufgabenfeldes erforderlichen Grundlagen und Methoden eines jeden Themas anspricht und einübt und zu wissenschaftspropädeutischem Verhalten führt, das insbesondere für den Leistungskurs gefordert wird.

Die in den Unterrichtsheften vorgelegten Materialien ermöglichen insgesamt einen lernzielorientierten Unterricht sowohl in bezug auf instrumentale und affektive Zielsetzungen als auch auf kognitive Lernziele. Die Lernziele eines Kurses sind vor Beginn der eigentlichen Kursarbeit gemeinsam mit den Schülern abzustecken. Daran schließt sich dann folgerichtig eine gemeinsame Aufstellung eines Arbeitsplanes anhand der Materialien des Unterrichtsheftes an. Über das Heft hinausweisende Zielsetzungen, die von den Schülern bei der Vorplanung entwickelt werden, sollten als Sonderaufgaben, Referate o. ä. vergeben werden.

Die Durchführung der einzelnen Arbeitsaufgaben sollte einzeln oder in Gruppen, nach Möglichkeit aber arbeitsteilig erfolgen. Daran könnte sich dann jeweils eine Phase der allgemeinen Berichterstattung und Information anschließen. Zur Konsequenz lernzielorientierten Vorgehens gehört es, daß nach Abschluß der themenorientierten Arbeit auch die Verwirklichung der Lernziele einer gemeinsamen Kritik unterworfen wird. Dabei müssen selbstverständlich auch die Arbeitsweisen und das methodische Vorgehen kritisch unter die Lupe genommen werden. Nur so kann beim Schüler Methodenbewußtsein und verantwortungsbewußtes wissenschaftliches Verhalten geweckt werden.

Die breite Erprobung der vorliegenden Unterrichtsmaterialien wird zeigen, in welchem Umfange sie den Ansprüchen einer modernen Studienstufe zu genügen vermögen. Wichtig aber ist, daß Lehrer und Schüler den „offenen Charakter" des Materials bei ihren Vorbereitungen zur Bearbeitung des Themas erkennen und genügend in Rechnung stellen.

Hamburg, im Oktober 1974   *H. Hendinger*

Einführung in Heft 2

Die Empfehlungen der Arbeitsgruppe „Lehrpläne" des Verbandes Deutscher Schulgeographen (vgl. GR 12/1971, S. 481—492) für eine Geographie in der Kollegstufe haben ein positives Echo gefunden. Als übergreifendes Lernziel im gesellschaftswissenschaftlichen Aufgabenfeld wird genannt:
Erfassung räumlicher, gesellschaftlicher und politischer Strukturen und Prozesse in ihren raumwissenschaftlichen, soziologischen, ökonomischen, historischen und psychologisch-anthropologischen Aspekten und Grundlagen mit dem Ziel der Befähigung, selbständig Entscheidungen zu treffen und verantwortlich politisch zu handeln.

Diesem Lernziel ordnet sich das Heft „Bevölkerungsentwicklung und Mobilität" unter, das thematisch und problemorientiert konzipiert ist. Besonderer Wert wurde auf die erschließende Funktion der dargestellten Grundperspektiven, Prozeßabläufe und Problemkreise gelegt.

Zweifellos stellt die Bevölkerung ein hochkomplexes Thema dar, das für viele Wissenschaftsdisziplinen Forschungsgegenstand ist, z. B. Demographie, Soziologie, Geschichte, Geographie, Wirtschaftswissenschaften usw. Es konnte daher bei der Abfassung dieses Heftes nicht darum gehen, alle Aspekte der Bevölkerung zu untersuchen, alle Methoden der bevölkerungswissenschaftlich relevanten Forschungszweige vorzustellen oder gar ein fertiges Konzept der Bevölkerungslehre anzubieten.

Ausgangspunkt unserer Betrachtung ist die Bevölkerung als eine Summe von Akteuren, die durch ihre Handlungen die Gesellschaft und den Raum beeinflussen. Sehr bald merkt man, daß die Bevölkerung keine amorphe Masse ist, die einheitlich reagiert, sondern sich in zahlreiche Schichten und Gruppen gliedern läßt, die sich in ihrem Verhalten und in ihren Handlungsweisen stark voneinander unterscheiden. Fußend auf den Erkenntnissen der Soziologie hat sich die Sozialgeographie seit ca. 1955 bereits intensiv mit den Wirkungen von Bevölkerungsgruppen auf den Raum befaßt. Aus diesem Grunde wird es von besonderem Vorteil sein, gerade auch ergänzende Literatur aus diesem Wissenschaftsbereich als zusätzliches Material zur unterrichtlichen Erarbeitung heranzuziehen.

Das in diesem Heft angebotene Material wurde in vier Kapitel gegliedert. Kapitel 1 ‚Bevölkerungsstruktur und natürliche Bevölkerungsbewegung' geht aus von den generativen Strukturelementen, erfaßt die natürlichen Bevölkerungsbewegungen (Geburt, Heirat, Sterblichkeit) als Prozesse, die von vielen Variablen abhängig sind. Als Ergebnis steht der Altersaufbau einer Bevölkerung. Am Beispiel der Bundesrepublik Deutschland wird vor allen Dingen der Einfluß historischer Ereignisse auf die Altersgliederung vorgestellt. Mit der provokatorischen Frage ‚Stirbt das deutsche Volk aus?' werden gegenteilige Meinungen zum aktuellen Geburtenrückgang der deutschen Bevölkerung diskutiert.

Im Kapitel 2 ‚Bevölkerungsverteilung und Bevölkerungsentwicklung' werden einige Probleme der globalen Bevölkerungsverteilung und Bevölkerungsentwicklung herausgearbeitet, das Thema einer Unterversorgung der Bevölkerung angesprochen sowie das Problem der Überbevölkerung und die Frage nach der Tragfähigkeit der Erde oder von Teilräumen derselben andiskutiert. Durch ergänzende Literaturangaben lassen sich diese zur Zeit aktuellen Fragen in Arbeitsgemeinschaften weiterverfolgen.

Das Kapitel 3 ‚Gesellschaftsstruktur' nimmt insofern einen wichtigen Rang ein, als hier versucht wird, die Gesellschaft in ihren Gruppierungen durchsichtig zu machen. Ausgangspunkt einer solchen Vertiefung kann sowohl die historische Methode als auch eine vergleichende strukturelle Bewertung sein. Da in vielen soziologischen und sozialgeographischen Arbeiten immer wieder die Berufs- und Erwerbsstruktur als Indikatoren einer solchen Schichtung angeführt werden, wurde auch in diesem Heft ein relativ großes Gewicht auf die Darstellung der Wirtschaftsbevölkerung gelegt, wobei die schulische und berufliche Ausbildung, das Verhältnis von generativer Bevölkerungsstruktur und Erwerbsbevölkerung, die Erwerbsbeteiligung in Staaten unterschiedlicher wirtschaftlicher Entwicklung oder auch die Mobilität der Arbeitskraft besonders angesprochen werden. Zwangsläufig erfahren die Gastarbeiterwanderungen, die regionale Konzentration der Gastarbeiter und die Frage nach der ‚kritischen Grenze' der Ausländerbeschäftigung die ihnen zukommende Würdigung.

Den größten Rahmen nimmt indes das Kapitel 4 ‚Bevölkerungswanderung (Mobilität)' ein. Hier wurden in Auswahl Mobilitätsprozesse dargestellt, denen eine didaktisch erschließende Rolle zukommt. Dabei kam es besonders darauf an, nicht nur den prozessualen Ablauf von Wanderungsbewegungen darzustellen, sondern gerade auch auf die Ausgangsstrukturen hinzuweisen, die solche Mobilitätsprozesse begünstigen.

Gleichermaßen wichtig war darüber hinaus auch ein Erkennen der Folgewirkungen von Wanderungsvorgängen im Herkunfts- und im Zielgebiet der Wandernden.

Ein eigener Abschnitt beschäftigt sich mit ‚Wanderungsmotiven und Regelhaftigkeiten der Wanderung' (Kap. 4.3). Nachdem in den vorausgegangenen Kapiteln anhand von Fallbeispielen, Diagrammen, Abbildungen und Literaturauszügen mehr Wert auf die Darstellung und Transparenz von prozessualen Vorgängen gelegt und die Methoden ihrer Erforschung aufgezeigt wurden, soll hier der Versuch einer Zusammenfassung der relativ vielfältigen Wanderungsprozesse unter ein Schema möglicher Ursachenkombinationen unternommen werden.

Das vorliegende Material wurde aus wissenschaftlichen Veröffentlichungen ausgewählt, wobei Wert darauf gelegt wurde, daß die Kollegiaten unter Benutzung ergänzender Literatur Einblicke in die Grundzüge wissenschaftlicher Methoden erhalten und den Forschungsgang von der Problemstellung bis zu den Lösungsmöglichkeiten und Ergebnissen nachvollziehen können. Bewußt wurden auch bei einzelnen Themen unterschiedliche Methoden und Ergebnisse vorgestellt, um zu zeigen, daß eine wissenschaftliche Fragestellung von verschiedenen Standpunkten der Betrachtung angegangen werden und auch zu unterschiedlichen Ergebnissen führen kann. Nicht zuletzt sollen die Kollegiaten dabei auch aufgefordert werden, Argumente zu beleuchten, um dann selbst eine Stellungnahme abzugeben.

In diesem Zusammenhang stehen auch die Diagramme und Abbildungen dieses Heftes; sie sollen vor allen Dingen zur Formulierung weiterer Probleme anregen. Häufig wird auch erst der Vergleich mehrerer Abbildungen dazu führen, neue Fragen zu stellen.

Mit den vorliegenden Themenkreisen aus ‚Bevölkerungsentwicklung und Mobilität' hat der Verfasser eine — gewiß subjektive — Auswahl getroffen. So ist auch die Gliederung dieses Heftes nur als eine von vielen Möglichkeiten anzusehen, an die man sich bei der unterrichtlichen Erarbeitung keinesfalls eng zu binden braucht. Es ist ohne weiteres denkbar und zu begrüßen, wenn einzelne Problemstellungen dieses Heftes im Gruppenunterricht anderweitig sinnvoll verknüpft werden; z. B.:

1.2. Altersstruktur der Bevölkerung mit 3.2 Erwerbsbevölkerung,
3.2.7. Probleme der Gastarbeiter mit 4.2.4 Bevölkerungsballung in Großstädten und Verdichtungsräumen,
2.2. Bevölkerungsentwicklung mit 3.2 Erwerbsbevölkerung,
3.1. Bevölkerung als sozialer Körper mit 4.2 wichtige prozessuale Auläufe bei der Binnenwanderung.

Die am Ende jeden Kapitels gefaßten Arbeitsthemen bzw. Referate sollen zu einer Vertiefung und Erweiterung der Problemstellungen führen. Man sollte dabei vor allen Dingen daran denken, daß die vorgeschlagenen Themen in kleinen Arbeitsgruppen präzisiert und gegliedert und dann in den Grund- und Leistungskursen gemeinsam diskutiert werden. Die Literatur, die bewußt auch zahlreiche wissenschaftliche Veröffentlichungen jüngeren Datums einschließt, soll helfen, auswahlweise bei einigen Kapiteln thematische Grundeinsichten zu vertiefen.

Bayreuth, im März 1975 *Helmut Ruppert*

1. Bevölkerungsstruktur und natürliche Bevölkerungsbewegung

Die Bevölkerungswissenschaft liefert uns durch ihre statistischen Daten eine Aussage über die Struktur der menschlichen Populationen (Anzahl und Zusammensetzung der Bevölkerung nach Geschlecht, Alter, Familienstand, Konfession, Erwerbstätigkeit u. a. demographische Merkmale) zu einem festen Stichtag. Mit der Erfassung von demographischen Prozessen (Geburten, Sterbefälle, Heiraten, Wanderung und soziale Mobilität) untersucht die Bevölkerungswissenschaft die Bevölkerungsbewegungen.

Wichtig ist dabei die Erkenntnis, daß zwischen Bevölkerungsstruktur und Bevölkerungsbewegungen wichtige wechselseitige Abhängigkeiten bestehen. Einerseits führen vergangene demographische Ereignisse zur gegenwärtigen Struktur der Bevölkerung, andererseits entscheidet die heutige Struktur einer Bevölkerung den künftigen Verlauf demographischer Prozesse.

Beispiel

Vergangene Sterblichkeit und Fruchtbarkeit sind entscheidend verantwortlich für den gegenwärtigen Altersaufbau einer Bevölkerung. Umgekehrt wirken Geschlechts- und Altersstruktur einer Bevölkerung auf die gegenwärtigen Fruchtbarkeits- und Sterblichkeitsraten. Eine überalterte Bevölkerung weist hohe Sterblichkeitsraten und niedere Geburtsraten auf; daraus ergibt sich tendenziell ein Wachstumsstillstand oder sogar eine Schrumpfung der Bevölkerungszahl eines Raumes.

1.1. Die generative Struktur einer Bevölkerung

Die in der Bevölkerungsstatistik üblichen Daten basieren in der Regel auf regionalen Einheiten (z. B. Ländern, Verwaltungsbezirken etc.); sie sind damit Mittelwerte von oft sehr verschiedenen Einzelwerten. Völker und Staaten sind aber keine homogenen Gruppen. In nahezu allen Industriestaaten fallen die demographischen Werte für Stadt- und Landbevölkerung auseinander, desgleichen auch für soziale Ober- und Unterschichten. Bevölkerungsstruktur und dynamische Bevölkerungsprozesse innerhalb Italiens laufen beispielsweise im Nordteil und im Südteil des Landes völlig anders ab.

Es war insbesondere G. Mackenroth 1955, der einen Bezug bevölkerungswissenschaftlicher Betrachtungsweise auf soziologisch homogene Gruppen forderte. Eine derart herausgehobene soziologisch homogene Gruppe hätte eindeutig aufeinander abgestimmte demographische Werte, die als „generative Strukturen" zu fassen sind.

„Bestandteil einer generativen Struktur einer Bevölkerung sind:

1. die altersspezifischen Sterblichkeiten
Säuglingssterblichkeit
Kindersterblichkeit
Jugendlichensterblichkeit
Erwachsenensterblichkeit
Greisensterblichkeit

2. Heiratshäufigkeit

3. Heiratsalter

4. innereheliche Fruchtbarkeit

5. außereheliche Fruchtbarkeit

6. durchschnittlicher Generationsabstand, und zwar gemessen als durchschnittlicher Geburtenabstand von Eltern- und Filialgeneration und somit wieder selbst abhängig vom durchschnittlichen Heiratsalter und dem durchschnittlichen Geburtenabstand vom Eheschließungsjahr.

Es kommt darauf an zu betonen, ... daß das generative Verhalten einer soziologisch homogenen Gruppe strukturiert ist, eine Gestalt hat. Dahinter stehen ganz bestimmte soziologische Gesetzmäßigkeiten. In soziologisch unhomogenen Gruppen, in denen Bevölkerungen mit ganz verschiedenen generativen Strukturen zusam-

mengefaßt sind, ▷ verwischt die Mitteilung der demographischen Werte u. U. gerade die charakteristischen Strukturiertheiten des generativen Verhaltens ◁, die statistisch oft allein greifbaren Globalziffern verwischen die soziologischen Gesetzmäßigkeiten.

Dazu kommt noch folgendes: Es führt zu nichts, wenn man die einzelnen demographischen Werte untersucht, ihre Entwicklung und ihre Differenzierungen zwischen Regionen und Sozialschichten, man muß vielmehr die ▷ Entwicklung und Differenzierung des Ganzen einer generativen Struktur ◁ jeweils abtasten. Denn die demographischen Werte verändern sich niemals in der Weise, daß jede einzelne demographische Wertreihe einem Entwicklungsgesetz folgt, etwa einen statistisch meßbaren Trend hat, sondern ▷ das generative Verhalten einer Bevölkerung wird regelmäßig von einer jeweils führenden Schicht her umgeprägt, ◁ indem sich einfach die statistischen Häufigkeiten ändern, mit denen die einzelnen generativen Strukturen in der Bevölkerung vertreten sind."

(aus G. Mackenroth, *Die generative Struktur von Bevölkerungen und Sozialschichten.* In: Weltwirtschaftl. Archiv 75, 1955, S. 1–18)

Mackenroth stellt bei seinen Untersuchungen der generativen Strukturen (auch Bevölkerungsweise genannt) die Bevölkerungsweise der vorindustriellen europäischen Agrargesellschaft der Bevölkerungsweise des kapitalintensiven Industriesystems gegenüber. Er weist darauf hin, daß die Masse der Bevölkerung innerhalb des letzten Jahrhunderts in Europa und seit einigen Jahren auch außerhalb Europas von einer generativen Struktur auf eine andere umgeprägt wird.

1.1.1. Die generative Struktur der vorindustriellen europäischen Agrargesellschaft

„Die alte vorindustrielle europäische Bevölkerungsweise sieht so aus: Der überwiegende Teil der nächsten Generation wird in der Familie geboren. Die außereheliche Fruchtbarkeit spielt eine geringe Rolle. Die Familie ist durch Religion und Recht stark gesichert, sie hat auch in der Produktionswirtschaft einen festen Platz. Der Bevölkerungsvorgang reguliert sich über ein Mehr oder Minder an Familiengründungen. Heiratshäufigkeit und Heiratsalter sind die Variablen der Bevölkerungsweise, mit denen sie sich zum Nahrungsspielraum und zur Konsumnorm abstimmt.

... Die eheliche Fruchtbarkeit wird durch eine hohe Sterblichkeit, besonders auch Säuglingssterblichkeit, ausgeglichen. Vor allem die unteren sozialen Schichten werden davon stark dezimiert. Außerdem steht in allen Schichten eine niedrige außereheliche Fruchtbarkeit – sich verbindend mit noch höherer Sterblichkeit der Unehelichen – der hohen ehelichen gegenüber. Die Bevölkerungsweise ist also eine solche hohen Bevölkerungsumsatzes, es kommt im Durchschnitt eine niedrige Zahl durchlebter Jahre auf eine Geburt."

(aus G. Mackenroth, a. a. O., S. 7)

Die Bevölkerungsweise der vorindustriellen agrarischen Bevölkerung war durch eine enge Verzahnung von Bevölkerung, Sozialaufbau und Wirtschaft gekennzeichnet. Wer keine Bauernstelle innehatte, konnte keine Familie ernähren, durfte keine Familie gründen. Nur die Arbeitsplätze der Bauern oder Handwerkermeister waren generativ vollwertig; Knechte, Gesellen oder Mägde konnten nicht heiraten.

Bevölkerungsvorgang und Wirtschaftsprozeß entwickelten sich in gleicher Richtung: Durch Ausweitung des Nahrungsspielraums (z. B. Rodung neuer landwirtschaftlicher Flächen) stehen mehr Bauernstellen zur Verfügung; es kann mehr und früher geheiratet werden. Verringert sich der Nahrungsspielraum, schrumpft auch die Zahl der Bauernstellen, d. h., es gibt weniger Familien und weniger Nachwuchs.

1.1.2. Die generative Struktur des kapitalintensiven Industriesystems

Die Trennung in generativ vollwertige und generativ nicht vollwertige Stellen fällt weg. Die Heiratsrestriktionen der Agrargesellschaft fallen, jeder kann heiraten.

„Bevölkerung und Wirtschaft können sich also nicht mehr über die Zahl der Arbeitsstellen aufeinander abstimmen. Jede Bevölkerungsweise, die das versucht, muß früher oder später zerfallen, versagen, sich zersetzen ...

▷ ◁ Im Original hervorgehoben

... Die zur kapitalintensiven Wirtschaft zugehörige Bevölkerungsweise sieht nun so aus: Die Familie hat noch immer große, wenn auch gegenüber früher abgeschwächte Bedeutung für die generativen Vorgänge. Innerhalb der Familie hören Heiratsalter und Heiratshäufigkeit auf, soziologische Variable zu sein, sie bekommen den Charakter von Konstanten, d. h. jeder, der überhaupt zur Heirat ansteht, heiratet auch und heiratet relativ früh. Wenn auch das Heiratsalter absolut nicht wesentlich gesunken ist, so doch ganz beträchtlich im Verhältnis zur gestiegenen mittleren Lebensdauer."

(aus G. Mackenroth, a. a. O., S. 11)

Bevölkerungsentwicklung und Industrialisierung wurden zu zwei sich wechselseitig beeinflussenden Größen. Einmal war es erst durch die verstärkte Vermehrung der Bevölkerung möglich, industrielle Arbeitskräfte zur Verfügung zu stellen; andererseits boten die jungen Industriegründungen für die wachsende Bevölkerung Arbeits- und Erwerbsmöglichkeiten, die wenigstens ein Existenzminimum sicherten.

1.2. Der Altersaufbau der Bevölkerung

Die Altersgliederung der Bevölkerung ist ein demographisches Strukturelement, an dem abgelesen werden kann, wie vergangene Bevölkerungsbewegungen den heutigen Altersaufbau beeinflußten, und umgekehrt, in welcher Weise heutige Altersstrukturen künftige Bevölkerungsprozesse begründen. Eine Übersicht der Altersgliederung ist nicht zuletzt von maßgebender Bedeutung für das Erkennen des jetzt und zukünftig verfügbaren Arbeitskräftepotentials.

Abb. 1: Bevölkerungspyramiden (ideal- und realtypisch) (nach Stanford, 1972)

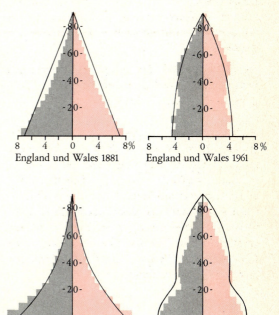

1.2.1. Grundformen der Alterspyramide

Die Alterspyramide liefert uns einen anschaulichen Blick auf die altersmäßige Zusammensetzung einer Bevölkerung nach männlichem und weiblichem Geschlecht. Als Grundformen treten dabei auf:

Die Glockenform

Die jährlichen Geburtenraten sind annähernd konstant. Die weiter zurückliegenden Geburtsjahrgänge sind länger der Sterblichkeit ausgesetzt. Je älter ein Geburtsjahrgang ist, desto weniger Personen dieses Jahrgangs sind noch am Leben (England und Wales 1961, Kanada 1961).

Die Pyramidenform

Hier ist als Grundvoraussetzung gegeben, daß die Geburtenrate jährlich zunimmt. Die älteren Geburtsjahrgänge sind nicht nur bereits länger

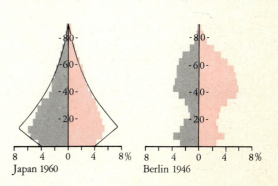

der Sterblichkeit ausgesetzt, sie sind vielmehr auch schon im Vergleich zu jüngeren Jahrgängen schwächer besetzt. Beide Einflüsse führen zu einer pyramidenförmigen Altersstruktur (England und Wales 1881).

Die Urnenform

Die Geburtenrate nimmt von Jahr zu Jahr ab. Durch diese Abnahme verkleinert sich die Basis der Alterspyramide. Die früher höhere Geburtenrate äußert sich in der großen Zahl mittlerer Altersjahrgänge, bis die steigende Sterblichkeit auch hier allmählich die Personenzahl eines Altersjahrgangs stark schrumpfen läßt (Japan 1960).

1.2.2. Altersgliederung der Bundesrepublik Deutschland

Von besonderer Bedeutung wird die Darstellung der Altersstruktur auch im Vergleich von Bevölkerungen verschiedener Länder oder im zeitlichen Vergleich der Bevölkerung eines Landes. Dabei ist die Alterspyramide durchaus auch geeignet, geschichtliche Ereignisse aufzuzeigen, wirken doch gerade einschneidende historische Ereignisse lange Zeit auf die Altersstruktur einer Bevölkerung.

Der zeitliche Vergleich des Altersaufbaus der deutschen Bevölkerung zeigt eine Verschiebung der relativen Gewichte der Altersklassen zugunsten des höheren Lebensalters. Dieser Prozeß wird als „Überalterung" angesprochen.

1.2.3. Der Prognoseaspekt der Altersstruktur

Eine Aufnahme der gegenwärtigen Altersstruktur besitzt auch einen großen prognostischen Wert. Die heutige Bestandsaufnahme ermöglicht z. B. eine Vorausschätzung des Umfangs zukünftiger Schulbesuche, Heiratsquoten, Geburten-, Sterblichkeitstrends, Erwerbstätigenzahlen.

Beispiel

Der seit 1964 auftretende Geburtenrückgang äußert sich Jahre später in einem Schwund der Schülerzahlen. Bei Schulneugründungen und

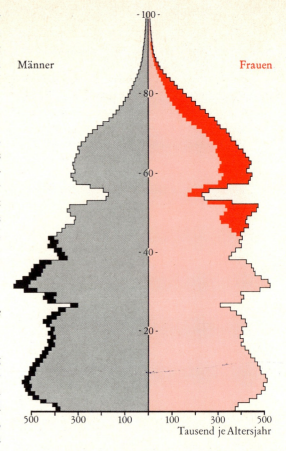

Abb. 2: Die Bevölkerung der Bundesrepublik Deutschland am 31. 12. 1971 (nach Stat. Jahrbuch 1973)

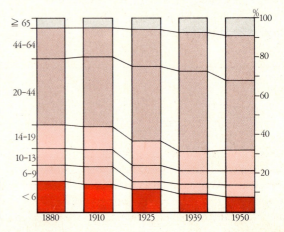

Abb. 3: Altersaufbau der Bevölkerung des Deutschen Reiches bzw. der Bundesrepublik Deutschland (ohne Saarland) (nach Flaskämper, 1962)

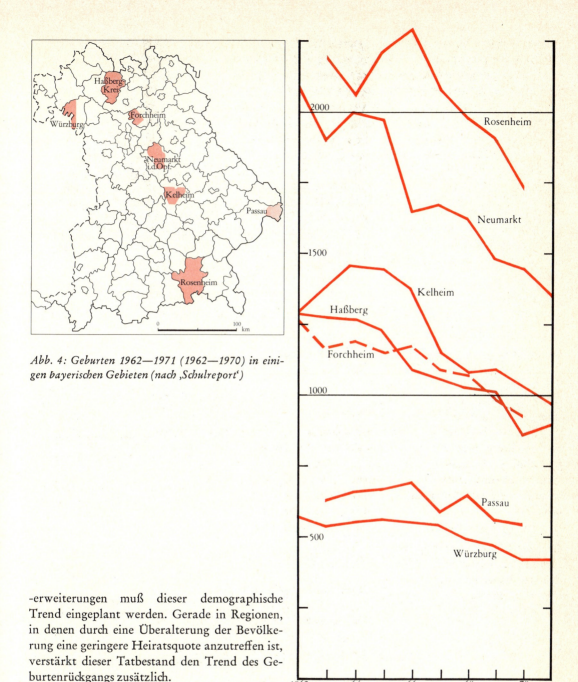

Abb. 4: Geburten 1962—1971 (1962—1970) in einigen bayerischen Gebieten (nach ‚Schulreport')

-erweiterungen muß dieser demographische Trend eingeplant werden. Gerade in Regionen, in denen durch eine Überalterung der Bevölkerung eine geringere Heiratsquote anzutreffen ist, verstärkt dieser Tatbestand den Trend des Geburtenrückgangs zusätzlich.

1.3. Geburten und Sterblichkeit (Mortalität) als demographische Variable

Geburtenrate und Sterberate beeinflussen den Umfang und die Geschwindigkeit des Bevölkerungswachstums in entscheidendem Maße. Das gegenwärtige Ungleichgewicht zwischen Geburten und Todesfällen führt zu einem raschen Anstieg der Weltbevölkerung. Der zur Zeit weltweite jährliche Geburtenüberschuß von über 70 Mill. Menschen ist nicht zuletzt durch den relativen Rückgang der Sterblichkeit bedingt, dessen Ursachen besonders in verbesserten medizinischen Verhältnissen sowie in besseren sozialen und ökonomischen Bedingungen zu suchen sind.

Die natürlichen Bevölkerungsbewegungen werden unter Verwendung der Geburten- und Sterberaten für eine Region und für einen Zeitabschnitt erfaßt. Die natürlichen Zuwachsraten (Überschuß von Geburten über Sterbefälle) betrugen für die gesamte Welt in den Jahren 1963 bis 1970 ca. 20 ⁰/₀₀ pro Jahr. Regional lassen sich jedoch dabei starke Differenzierungen feststellen:

Durchschnittliche Raten des natürlichen Bevölkerungszuwachses für 1963–1970 (nach Demographic Yearbook 1970, New York 1971, S. 105)

Region	Natürliche Zuwachsraten in ⁰/₀₀
Welt	20
Afrika	25
Nordamerika	13
Lateinamerika	29
Asien	23
Europa	8
Ozeanien	21
UdSSR	11

Im zeitlichen Vergleich sind die Industriestaaten durch abnehmende Zuwachsraten gekennzeichnet, während die Entwicklungsländer noch durch hohe Zuwachsraten charakterisiert sind.

Jährliche natürliche Zuwachsraten Deutschlands (bzw. der Bundesrepublik Deutschland) von 1900–1973

Jahr	Natürliche Zuwachsraten in ⁰/₀₀
1900	13,6
1920	10,8
1939	8,1
1950	5,7
1960	5,9
1964	7,2
1968	3,9
1971	0,8
1973	— 1,5

Ähnlich der natürlichen Zuwachsrate weist auch die Lebenserwartung der Bevölkerung starke regionale Differenzierungen auf, die eng mit der geübten Lebensweise, der medizinischen Versorgung und der wirtschaftlichen Sicherheit zusammenhängen. Interessant ist dabei, daß die männliche Bevölkerung aus biologischen Gründen und wohl auch aus Gründen größerer persönlicher Gefahren (z. B. Soldaten im Krieg) eine geringere Lebenserwartung besitzt als die weibliche Bevölkerung. Dafür weist die Sexualproportion bei den Geburten mit 106 : 100 Fällen eine Begünstigung der männlichen Nachkommen auf. Eine ausreichende Erklärung für dieses Phänomen wurde noch nicht gefunden.

Lebenserwartung Neugeborener (in Jahren) (nach N. Keyfitz / W. Flieger, World Population, 1968, P. 24–39)

	hoch	nieder
Männer	71,75 Schweden 71,29 Norwegen 71,14 Niederlande 70,31 Dänemark	33,35 Togo 49,75 El Salvador 52,21 Réunion
Frauen	76,53 Island 76,17 Niederlande 76,14 Schweden 76,08 Norwegen	40,18 Togo 51,80 El Salvador 55,40 Albanien

→ *Atlas*

Auszug aus der allgemeinen Sterbetafel 1960/62 der Bundesrepublik Deutschland für männliche Bevölkerung (nach Stat. Bundesamt Wiesbaden 1966)

Vollendetes Alter x	Überlebende im Alter x	Gestorbene im Alter x bis unter x + 1	Durchschnittliche Lebenserwartung im Alter x in Jahren
0	100 000	3533	66,86
1	96 467	223	68,31
2	96 244	135	67,46
3	96 109	96	66,56
4	96 013	84	65,62
5	95 929	77	64,68
10	95 620	43	59,88
15	95 388	72	55,02
20	94 812	175	50,34
25	93 948	159	45,78
30	93 166	158	41,14
35	92 322	193	36,50
40	91 218	269	31,91
45	89 659	397	27,41
50	87 230	645	23,10
55	83 221	1079	19,08
60	76 652	1689	15,49
65	66 941	2298	12,36
70	54 461	2770	9,60
75	39 784	3137	7,20
80	24 156	2970	5,24
85	10 861	2042	3,76
90	3 092	863	2,69
95	463	170	2,09
100	38	16	1,79

Der Einfluß der medizinischen Entwicklung und der ökonomischen und politischen Situation auf die altersspezifischen Sterberaten verdeutlicht nebenstehendes Schaubild.

Zur Erfassung der unterschiedlichen altersspezifischen Sterberaten wurden gerade auch für einzelne Länder „allgemeine Sterbetafeln" entwickelt, die die durchschnittlichen Lebenserwartungen jeder Altersklasse eines Geschlechts wiedergeben. Sie besitzen auch große praktische Bedeutung und dienen z. B. im Versicherungswesen (Lebensversicherungen) als Grundlage der Beitragskalkulation.

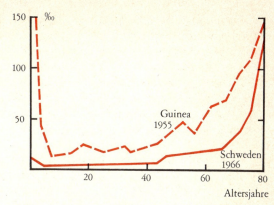

Abb. 5: Altersspezifische Todesraten (nach ‚Demographic Yearbook', 1967)

1.4. Stirbt das deutsche Volk aus?

Die Bevölkerungsentwicklung in der Bundesrepublik Deutschland verlief bisher positiv, d. h. sie war durch einen Bevölkerungsanstieg bestimmt. Diese positive Entwicklung nach dem 2. Weltkrieg war besonders durch folgende Faktoren begründet:

Abb. 6: Geburten- und Sterberaten in der Bundesrepublik Deutschland

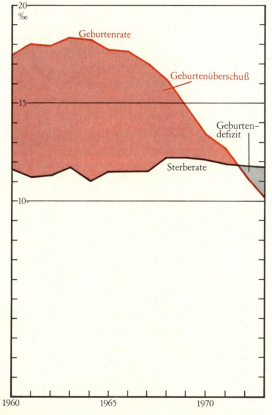

- Zuwanderung der Aus- und Umsiedler aus den deutschen Ostgebieten
- Zustrom von circa 4 Mill. Gastarbeitern bzw. deren Familienangehörigen
- Geburtenüberschuß bis zum Jahre 1971
- Verlängerte Lebensdauer älterer Menschen

Alarmmeldungen mit der Schlagzeile „Das deutsche Volk stirbt aus" gingen durch die Zeitungen, als erstmals im Jahre 1972 in der Bundesrepublik Deutschland mehr Sterbefälle als Geburten registriert wurden. Dieser negative Trend in dem natürlichen Bevölkerungswachstum führte nur deshalb nicht zu einer absoluten Bevölkerungsabnahme, weil weiterhin viele Ausländer nach Deutschland zuwanderten und damit die Bevölkerung in der Bundesrepublik erhöhten.
In den Daten der Geburten- und Sterbefälle sind auch die Angaben über die Ausländer enthalten. Bei dem steigenden Anteil der Geburtenhäufigkeit von Ausländern ist es sehr wahrscheinlich, daß die deutsche Bevölkerung bereits im Jahre 1971 keinen Geburtenüberschuß mehr hatte.

Abb. 7: In der Bundesrepublik Deutschland geborene Ausländerkinder (in %/o der Gesamtgeburten)

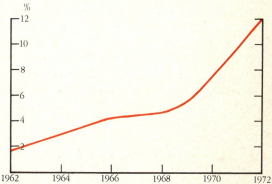

„Der Anteil der Ausländer am natürlichen Bevölkerungszuwachs ist in den letzten Jahren außerordentlich groß gewesen. Da es sich bei den in der Bundesrepublik Deutschland lebenden Ausländern zum größten Teil um Erwerbstätige handelt, sind sie und ihre Familienangehörigen im Durchschnitt wesentlich jünger als die deutsche Bevölkerung. Fast 90 % der Ausländer, die im April 1970 in der Bundesrepublik Deutschland lebten, waren unter 45 Jahre alt gegenüber nur 60 % der Deutschen. Am stärksten war bei den Ausländern die Altersgruppe der 25- bis 45jährigen, zu der etwa die Hälfte von ihnen gehörte, während nur etwa jeder 4. Deutsche zu dieser Altersgruppe zählt. Bei drei Vierteln aller ausländischen Ehepaare in der Bundesrepublik Deutschland war der Ehemann nicht älter als 45 Jahre. Nur etwa die Hälfte der deutschen Ehemänner standen im gleichen Alter. Junge Familien sind also unter den Ausländern relativ häufiger vertreten als unter der deutschen Bevölkerung. Dies ist einer der Gründe für die hohe Zahl der Geburten und die geringe Zahl der Sterbefälle auf je 1000 ausländische Einwohner.

Die ausländischen Ehepaare mit Kindern hatten durchschnittlich 1,94, die deutschen Ehepaare 1,96 in der Familie lebende Kinder; sie zeigten also in dieser Hinsicht weitgehende Übereinstimmung. Da aber die ausländischen Familien durchschnittlich jünger sind als die deutschen, haben anteilmäßig mehr von ihnen jüngere Kinder."

(aus *Raumordnungsbericht 1972 der Bundesregierung*, Bonn 1972, S. 26)

Vergleicht man die Geburtenentwicklung der letzten Jahre, so lassen sich innerhalb der Bundesrepublik Deutschland erhebliche regionale Differenzen feststellen (vgl. Abb. 8).

Geburten- und Sterbefälle in der Bundesrepublik Deutschland von 1964–1973 (in 1000) (nach Statistisches Bundesamt, Wiesbaden)

Jahr	Lebendgeborene	Gestorbene
1964	1065,4	644,1
1965	1044,3	677,6
1966	1050,3	686,3
1967	1019,5	687,3
1968	969,8	734,0
1969	903,4	744,4
1970	810,8	734,8
1971	778,5	730,7
1972	701,4	731,5
1973	632,0	728,0

Hierzu muß bemerkt werden, daß die Geburtenentwicklung nie einheitlich verlaufen ist:
- die Familiengröße differierte nach Stadt- und Landbevölkerung;
- nicht selten korrelierten auch Geburtenfreudigkeit und Konfessionszugehörigkeit;
- Zuwanderungsräume sind oft durch einen hohen Anteil junger Familien mit größerer relativer Geburtenhäufigkeit charakterisiert.

Zusätzliche Trendentwicklungen sind heute wirksam:
- Abnahme der Geburtenfreudigkeit besonders in wirtschaftlichen Krisengebieten (sowohl in landwirtschaftlichen Problemgebieten, z. B. Emsland, westliche Eifel, als auch in industriellen Problemgebieten);
- Angleichung städtischer und ländlicher Lebensformen, d. h. auch ländliche Räume, die bisher durch hohe Geburtenraten gekennzeichnet waren, gleichen sich den städtischen Verhaltensweisen an;
- der Wunsch nach unabhängigerem Bewegungsspielraum führt zur Vorstellung, daß zwei Kinder „genügen";
- die Besserung der Sozialversorgung erfordert nicht mehr eine „Alterssicherung durch eine hohe Kinderzahl";
- die Stellung der Frau innerhalb der Gesellschaft hat sich gewandelt; das Leitbild von der „Hausfrau am Herd, der Mutter und Erzieherin" besteht nicht mehr;
- die antikonzeptionellen Möglichkeiten der Geburtenregelung wurden von der Bevölkerung größtenteils angenommen.

In der zukünftigen Einschätzung der Bevölkerungsentwicklung stehen sich zwei Lager gegenüber:

Vertreter der positiven Wachstumsraten meinen:
- ein wirtschaftliches Wachstum sei nur bei Anstieg der Arbeitskräfte möglich, d. h. höhere Geburtenraten seien notwendig;
- Kinder seien zur Rentenversorgung der ausscheidenden Arbeitsbevölkerung notwendig; eine immer geringere Erwerbsbevölkerung müßte ansonsten eine immer größere Rentnerbevölkerung unterstützen;
- aus ethischen und religiösen Gründen sollte der Mensch nicht bewußte Familienplanung betreiben;

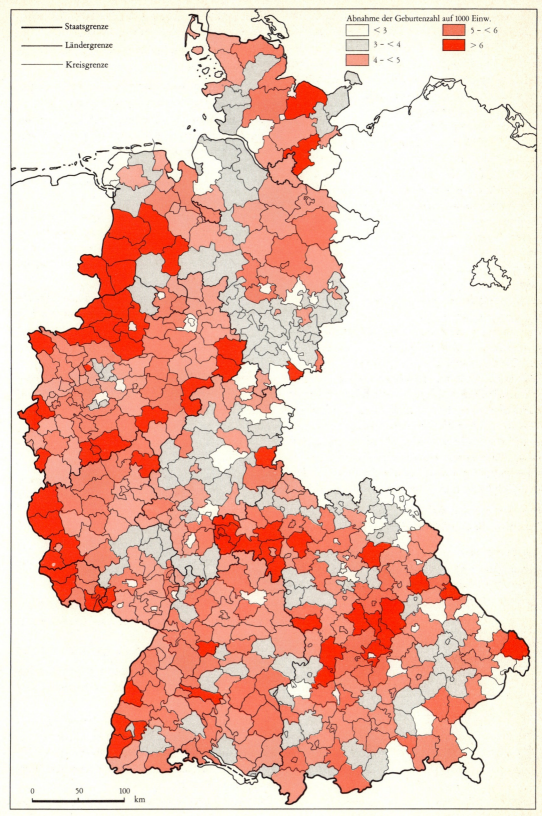

Abb. 8: Veränderung der Geburtenziffern in den Kreisen der Bundesrepublik Deutschland 1965—1970 (nach ‚Raumordnungsbericht 1972')

- die „vergreiste Gesellschaft" berge eine moralische Gefahr, da man mehr zurück als vorwärts in die Zukunft schaue.

Die Vertreter positiver Geburtenraten fordern und unterstützen:
- Steuererleichterungen für Familien mit hoher Kinderzahl;
- aktive Unterstützung bei Wohnraumbeschaffung kinderreicher Familien (Wohngeld);
- Zahlung von Kindergeld (Staat hat soziale Verantwortung; Kinder sind kein Privatvergnügen, sondern eine gesellschaftliche Notwendigkeit);
- Bildungsprogramme (Kindergärten, Vorschulerziehung etc.).

Vertreter des „Nullwachstums" argumentieren:
- ein fortlaufender Bevölkerungsanstieg in einem begrenzten Raum führe zur Lebensverschlechterung der dort wohnenden Menschen;
- der für jeden Menschen notwendige Freiraum werde weiter eingeengt; ein starker Bevölkerungsanstieg führe zu einer weiteren starken Belastung der Umwelt und letztlich zu einer Störung des ökologischen Gleichgewichts;
- es sei eine antiquierte Vorstellung, daß es sinnvoll sei, viele Kinder zu zeugen.

Die Befürworter geringer Geburtenraten nennen auch eine Reihe positiver Auswirkungen des Nullwachstums:
- der zur Zeit hohe Bedarf an Schulen und Hochschulen, Kindergärten etc. könnte sich etwas abflachen; in Zukunft hätten wir weniger Schüler, was geringere Klassenfrequenzen bedeuten könnte und zu einer Verbesserung der schulischen Ausbildung führen müßte;
- die Wirtschaft würde mangels Arbeitskräfte zu einer stärkeren Rationalisierung gezwungen. Eine bessere berufliche Ausbildung führe zu einem höheren Pro-Kopf-Einkommen. Der Staat nähme höhere Steuern ein, nicht zuletzt deshalb, weil viele Kinderfreibeträge wegfielen;
- durch die verstärkte berufliche Tätigkeit der Frauen erhielten die oft kinderlosen Familien eine steigende Kaufkraft, die sich im Absatz gehobener Konsumgüter widerspiegele;
- die Wachstumsintensität der Ballungsräume mit den begleitenden Mangelerscheinungen auf dem Wohnungsmarkt und im Nahverkehr könnte sich abschwächen.

Weiterführende Literatur

1. K. Freudenberg, *Regionale Unterschiede in der Säuglingssterblichkeit*, in: *Raumforschung und Raumordnung* 17/1959.
2. K. Krieger, *Natürliche Bevölkerungsbewegung seit achtzig Jahren*, in: *Raumforschung und Raumordnung* 14/1956.
3. G. Mackenroth, *Die generative Struktur von Bevölkerungen und Sozialschichten*, in: *Weltwirtschaftliches Archiv* 75/1955.
4. G. Müller, *Regionale Unterschiede der natürlichen Bevölkerungsbewegung und die Problematik ihrer Ursachenforschung*, in: *Raumforschung und Raumordnung* 26/1968.
5. *Raumordnungsbericht 1972 der Bundesregierung.* Bonn 1972.
6. Statistisches Bundesamt, *Fachserie A, Bevölkerung und Kultur.* Reihe 2, *Natürliche Bevölkerungsbewegungen.*
7. Statistisches Bundesamt, *Statistisches Jahrbuch für die Bundesrepublik Deutschland.*
8. United Nations, *Demographic Yearbook.*

Arbeitsthemen und Referate

Die Zusammenhänge zwischen Geburten- und Sterberaten sowie der Heiratsquote
Wie wirken sich historische Ereignisse auf die Struktur der Alterspyramiden aus?
Ursachen und Folgen des Geburtenrückgangs in der Bundesrepublik Deutschland (vgl. auch Kap. 2.2)

Demographischer Prozeß — natürliche Bevölkerungsbewegung — generative Struktur — vorindustrielle Agrargesellschaft — Industriegesellschaft — Altersstruktur — Alterspyramide — Überalterung — Geburtenrate — Sterberate — Lebenserwartung — Sexualproportion — Nullwachstum

2. Bevölkerungsverteilung und Bevölkerungsentwicklung

2.1. „Regelmäßigkeiten" globaler Bevölkerungsverteilung

Der Lebensraum der Menschen, die Ökumene, ist durch physisch-geographische Hemmnisse (Klima, Boden, Relief etc.) eingeengt. Ein Überspringen dieser Grenzräume ist in der Regel nur in Einzelfällen und unter erhöhtem Kosten- und Risikoaufwand möglich.

Für die Bevölkerungsverteilung auf der Erde scheinen sich somit gewisse physisch-geographisch begünstigte Vorzugsräume von benachteiligten Randgebieten unterscheiden zu lassen. In der Tat erkennt man bei genauer Betrachtung einer Bevölkerungsdichtekarte einige grundlegende Besonderheiten der Bevölkerungsverteilung:

a) Die auf der Südhalbkugel der Erde wohnenden 370 Mill. Menschen (Schätzung für 1970) sind gegenüber den auf der Nordhalbkugel wohnenden 3,3 Mrd. eindeutig in der Minderheit. Auch bei Zugrundelegung der unterschiedlichen Festlandsflächen (Südhalbkugel 34,5 Mill. km², Nordhalbkugel 100,5 Mill. km²) verändert sich das ungleiche Bild der Bevölkerungsdichte nicht wesentlich.

b) Auf den ersten Blick scheint eine Abhängigkeit zwischen Klimagunst und daraus resultierenden Bodenbedingungen und der Bevölkerungsentwicklung zu bestehen.

Staszewski (1961) hat darauf hingewiesen, daß besonders die Gebiete warmer wintertrockener und feuchttemperierter Klimate eine verhältnismäßig hohe Bevölkerungsdichte aufweisen, während Wüsten- und Steppengebiete sowie das Gebiet der Tundrenklimate nur sehr gering bevölkert sind.

c) Auffallend ist die weltweite Bevölkerungsverdichtung in Küstennähe. Mit zunehmender Entfernung vom Küstensaum sinkt die Bevölkerungszahl. Staszewski (1959) spricht von der „Maritimität in der Verbreitung der Bevölkerung der Erde" und meint damit die Tatsache, daß in 200 km Küstenabstand auf 30 % der Erdoberfläche 50 % der Menschheit lebt.

Abb. 9: Bevölkerungszahl der Staaten flächenhaft dargestellt (nach Benzig, 1973)

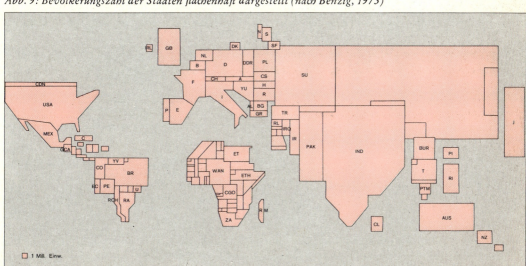

Verteilung der Bevölkerung nach Klimagebieten (nach J. Staszewski, Bevölkerungsverteilung nach den Klimagebieten von W. Köppen. Peterm. Mitt. 1961, S. 133–138)

Klimagebiet	Fläche in % der Erdfläche	Einwohner in % der Erdbevölkerung	E./km²
tropische Regenklimate	8,1	8,0	18
Savannenklimate	13,8	10,7	14
Steppenklimate	15,6	6,7	8
Wüstenklimate	13,2	1,4	2
warme wintertrockene Klimate	8,4	27,6	61
warme sommertrockene Klimate	2,0	4,4	41
feuchttemperierte Klimate	6,5	20,7	60
feucht-winterkalte Klimate	18,1	14,5	15
trocken-winterkalte Klimate	5,4	5,7	20
Tundrenklimate	8,9	0,3	0,5

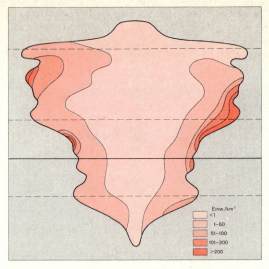

Abb. 10: Modell der Bevölkerungsverteilung nach Küstenabstand und Klimaregion (1950) (nach Hambloch)

Abb. 11: Bevölkerungsverteilung nach Höhenstufen (1958) (nach Hambloch)

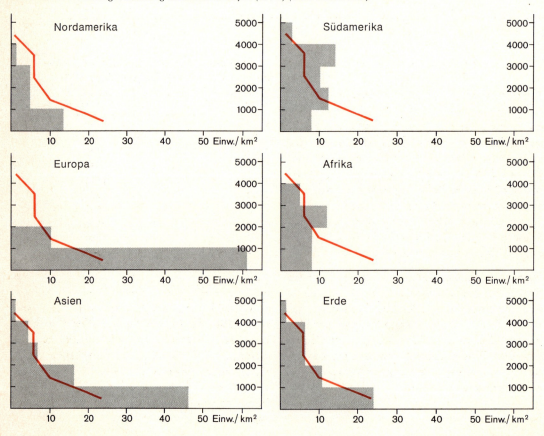

Flächen und Bevölkerung nach dem Abstand vom Meer (nach J. Staszewski, Die Verteilung der Bevölkerung der Erde nach dem Abstand vom Meer. Peterm. Mitt. 1959, S. 207–215)

Küstenabstand in km	Fläche in % der Erdfläche	Einwohner in % der Erdbevölkerung	E./km²
0–50	12,0	27,6	44
50–200	18,1	22,7	24
200–500	25,3	23,5	17
500–1000	24,3	17,7	14
1000–1500	13,7	7,1	10
über 1500	6,6	1,4	4

d) Auch unterschiedliche Höhenlagen fördern oder hindern eine starke Bevölkerungsausweitung. In globalen Maßstäben betrachtet, erweist sich die Höhenstufe von 0–1000 m als eindeutiger Bevölkerungsvorzugsraum; mit zunehmender Höhenlage vermindert sich die Bevölkerungsdichte. Dennoch bleibt festzustellen, daß einzelne Kontinente (z. B. Afrika und Südamerika) diesem allgemeinen Trend nicht entsprechen. Hier deutet sich schon an, daß physisch-geographische Faktoren nicht allein und primär die Bevölkerungsverteilung beeinflussen.

Die Frage der Abhängigkeit der Bevölkerungsverteilung von den Naturgrundlagen (Klima, Landschaftsgürtel, Höhenstufen, Maritimität etc.) mag auf den ersten Blick positiv zu beantworten sein. Bei einer exakten Betrachtung einzelner Teilräume der Erde – oder von verschiedenen Räumen gleicher oder ähnlicher Naturgrundlage – zeigt sich dagegen keine eindeutige Abhängigkeit der Bevölkerungsverteilung von den Naturgrundlagen. Jedes Ballungszentrum auf der Erde ist eine historische Einmaligkeit, jeder bevölkerungsschwache Raum ist in hohem Maße auch ein historisches Erbe. Jede Bevölkerungskonzentration entsteht erst durch eine Summe ökonomischer, sozialer und demographischer Prozesse, die mit Naturabhängigkeiten kaum etwas gemein haben.

→ *Atlas*

2.2. Die Bevölkerungsentwicklung

Die Erde wird im Jahre 1970 von rund 3,7 Mrd. Menschen bevölkert, wobei es nicht möglich ist, eine exakte Angabe zu machen. Die verschiedenen Stichjahre der Bevölkerungszählung in den einzelnen Ländern, die unvollkommenen Methoden der Zählung, die häufig nur in einer Fortschreibung der Bevölkerung bestehen, unzulängliche Schätzungen in manchen Regionen und andere Fehlerquellen führen dazu, daß man heute von einem Unsicherheitsfaktor ± 5 % bei der Bevölkerungsschätzung der Erde ausgeht.

In weit höherem Maße sind dementsprechend Bevölkerungsschätzungen früherer Jahrhunderte mit Fehlerquellen und Unsicherheitsrisiken behaftet. Wenn wir hier dennoch einige Bevölkerungszahlen aus jener Zeit nennen, so sollen sie vor allen Dingen dazu dienen, den starken Bevölkerungsanstieg in der jüngsten Vergangenheit zu verdeutlichen.

→ *Atlas*

Weltbevölkerung in Mill. (nach United Nations, Demographic Yearbook. Carr-Saunders und Wilcox)

Zeitraum	Bevölkerungszahl
um Chr. Geb.	160
900	300
1200	350
1500	450
1650	520
1750	720
1800	910
1850	1150
1900	1600
1950	2500
1960	3010
1970	3700

Die Bevölkerungsentwicklung bis in den Zeitraum 1750 oder 1800 verlief weitgehend in überschaubarem, sich nicht zu stark expandierendem Rahmen. Die Bevölkerungsvermehrung war durch hohe Sterblichkeitsraten (Seuchen und Kriege), große Katastrophen und Hungersnöte, Heiratsrestriktionen und Rassenverfolgungen begrenzt.

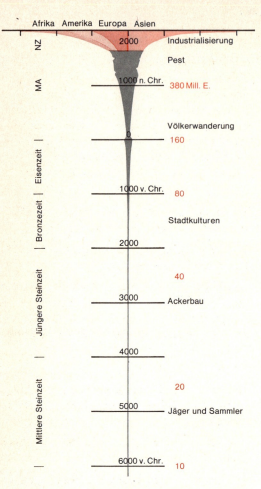

Abb. 12: *Das Anwachsen der Menschheit — Bevölkerungsexplosion (Zusammenfassung zweier Grafiken aus ‚Die Welt in Zahlen', 1973)*

Die rasante Bevölkerungsvermehrung setzte erst mit der beginnenden Industrialisierung ein, der Verbesserung der wirtschaftlichen Verhältnisse breiter Bevölkerungsschichten, der Beseitigung negativer Rechtshindernisse und den Verbesserungen im Bereich des Gesundheitswesens, die eine Senkung der hohen Kindersterblichkeit und eine erhöhte Lebenserwartung bewirkten.

Der Bevölkerungsanstieg stellte sich zuerst in denjenigen Ländern ein, die auch als erste die hemmenden Faktoren der Bevölkerungsentwicklung beseitigen konnten. Als Modellfall für den Bevölkerungsanstieg werden immer wieder England und Wales vorgestellt. Durch die frühe Industrialisierung, durch den baldigen technischen und medizinischen Fortschritt sank die Sterberate in diesen beiden Ländern bereits ab 1750, während die Geburtenrate gleichbleibend hoch blieb und damit ein starker Bevölkerungsanstieg auftrat. Von 1750 bis 1880 vermehrte sich Englands Bevölkerung um das Dreifache.

Das Beispiel England zeigt allerdings auch, daß das Bevölkerungswachstum nicht unbegrenzt vor sich geht. In der Zeit von 1880 bis 1930 ist eine stark abnehmende Geburtenrate erkennbar, die in Verbindung mit einer weniger stark sinkenden Sterberate den Geburtenüberschuß senkt und damit auch zu einer Verringerung des Bevölkerungsanstiegs führt. Die letzte Phase des Bevölkerungszyklus ist durch eine ziemlich gleichbleibende Geburten- und Sterberate charakterisiert, wobei erstere nur geringfügig über letzterer liegt. Das Beispiel England/Wales hat uns den charakteristischen Bevölkerungsablauf im zeitlichen Nacheinander von 1750 bis in das 20. Jahrhundert gezeigt. Auch andere Länder folgten diesem Bevölkerungszyklus: Der Startpunkt fiel meist mit dem Eintritt des betreffenden Landes in die technisch-industrielle Welt zusammen. Nach England waren es vor allem Belgien und Deutschland, die von dieser allgemeinen Entwicklung am frühesten erfaßt wurden. Manche Länder stehen dagegen erst am Beginn eines Bevölkerungszyklus, der aus allen Erfahrungen heraus für sie wesentlich schneller ablaufen wird als dies in England und Wales (180 Jahre) der Fall war.

Die Vergangenheit zeigt, daß sich im Verlauf der Bevölkerungsentwicklung der Industrienationen die Geburten- und Sterberate von anfangs hohen zu niederen Werten verändern. Diese allmähliche Veränderung wird auch als „demographischer Übergang" bezeichnet. Wichtig dabei wird, daß der Verlauf des demographischen Übergangs gekennzeichnet ist durch eine relativ stabile Ausgangssituation (hohe Geburten- und Sterberaten) und eine relativ stabile Endsituation (niedere Geburten- und Sterberaten). Diese beiden Situationen werden oft dem vorindustriellen und dem industriellen Bevölkerungsregime gleichgestellt (vgl. Kap. 1.1.1 und 1.1.2). Der eigentliche Übergang zwischen beiden Regimen ist durch ein starkes Klaffen von Geburten- und Sterberate charakterisiert, das ein starkes Bevölkerungswachstum, oft auch als „demographische Revolution" oder „Bevölkerungsexplosion" bezeichnet, beinhaltet.

Betrachtet man die regionale Entwicklung der heutigen Weltbevölkerung, so sehen wir die zeitlichen Stadien des Bevölkerungszyklus in einem räumlichen Nebeneinander. Dabei können wir

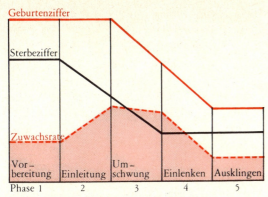

Abb. 13: *Schema des demographischen Übergangs (nach Mackensen/Wewer, 1973)*

Abb. 14: *Stadien des demographischen Übergangs nach Ländergruppen (1960)*

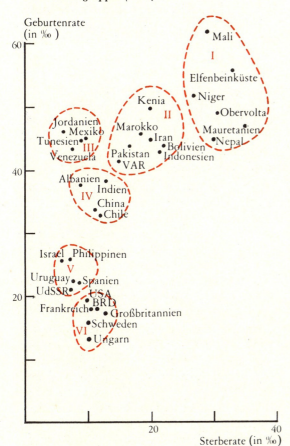

trotz fließender Grenzen mindestens sechs Phasen innerhalb des demographischen Übergangs feststellen:

I. Länder mit sehr hoher Geburtenrate (über 45 ⁰/₀₀) und hoher Sterblichkeitsrate (über 25 ⁰/₀₀).

Beispiele: Mali, Elfenbeinküste, Niger, Obervolta, Mauretanien, Nepal.

Die traditionell hohe Geburtenrate dieser Länder hat sich noch nicht vermindert; die große Zahl eigener Kinder wird als billiges Arbeitskräftepotential und als soziale Sicherung im Alter betrachtet. Die auch hier schon beginnende Verbesserung der Gesundheitsverhältnisse der Bevölkerung haben noch keine grundsätzliche Wende der hohen Sterblichkeitsrate gebracht.

II. Länder mit hoher Geburtenrate (40–50 ⁰/₀₀) und mittlerer Sterblichkeitsrate (15–25 ⁰/₀₀).

Beispiele: Kenia, Marokko, Ägypten, Iran, Pakistan, Indonesien, Bolivien.

Die hohen Geburtenraten haben sich noch erhalten. Der technisch-zivilisatorische Fortschritt und die gesundheitlichen Maßnahmen führten aber bereits zu einem deutlichen Rückgang der Sterblichkeitsrate.

III. Länder mit hoher Geburtenrate (40–50 ⁰/₀₀) und sehr niederer Sterblichkeitsrate (unter 10 ⁰/₀₀).

Beispiele: Jordanien, Tunesien, Mexiko, Venezuela.

In diesen Ländern haben die meist schon vor zwei bis drei Jahrzehnten begonnenen Maßnahmen der Gesundheitsbehörden voll gewirkt. Infolge eines verhältnismäßig jungen Bevölkerungsdurchschnitts können die Sterblichkeitsraten extrem niedrig gehalten werden.

IV. Länder mit mittlerer Geburtenrate (30 bis 40 ⁰/₀₀) und niederer Sterblichkeitsrate (8 bis 15 ⁰/₀₀).

Beispiele: China, Indien, Albanien, Chile.

Hier zeigt sich bereits ein Rückgang der Geburtenrate aufgrund verstärkten Einsatzes von empfängnisverhütenden Mitteln; gegenüber Ländern mit erheblichen konfessionellen Einwänden (Islam, katholische Kirche) nimmt hier die Geburtenhäufigkeit stärker ab.

V. Länder mit niederer Geburtenrate (20–30 ⁰/₀₀) und sehr niederer Sterberate (unter 10 ⁰/₀₀).

Beispiele: UdSSR, Spanien, Israel, Uruguay, Philippinen.

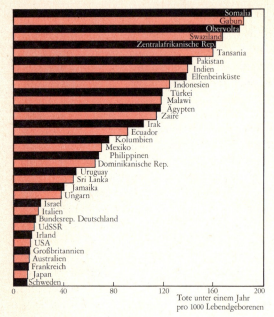

Die Geburtenrate nähert sich durch bewußte Familienplanung bereits derjenigen der frühentwickelten Industriestaaten; durch starke medizinische und pharmazeutische Fortschritte, verbunden mit einem niedrigen Durchschnittsalter der Bevölkerung, tritt eine sehr niedere Sterblichkeitsrate auf.

VI. Länder mit sehr niederer Geburtenrate (10 bis 20 $^0/_{00}$) und niederer Sterberate (8–15 $^0/_{00}$).

Beispiele: Großbritannien, Frankreich, Schweden, USA, Bundesrepublik Deutschland, DDR, Ungarn.

In der Kinderzahl liegen diese Länder sehr niedrig; die Sterberate ist höher als bei Gruppe V, weil der Anteil älterer Personen in diesen Ländern aufgrund des schon frühzeitig verbesserten Gesundheitswesens wesentlich höher ist.

Abb. 15: *Kindersterblichkeit in ausgewählten Ländern (nach ‚Finanzierung und Entwicklung', 1974)*

Weiterführende Literatur

1. O. Boustedt, *Grundaspekte der räumlichen Bevölkerungsverteilung*, in: *Bevölkerungsverteilung und Raumordnung. Forschungs- und Sitzungsberichte der Akademie für Raumforschung und Landesplanung*, Bd. 58, 1970.
2. F. Burgdörfer, *Bevölkerungsdynamik und Bevölkerungsbilanz. Entwicklung der Erdbevölkerung in Vergangenheit und Zukunft*. München 1951.
3. W. Köllmann / P. Marschalk (Hrsg.), *Bevölkerungsgeschichte*. Köln 1972.
4. R. Mackensen / H. Wewer, *Dynamik der Bevölkerungsentwicklung. Struktur — Bedingungen — Folgen.* München 1973.
5. E. Otremba, *Die Erde als Wohnraum der Menschheit. Illustrierte Welt- und Länderkunde.* Bd. 2, 1969.
6. O. Schiller, *Dezentralisation und Konzentration der Erdbevölkerung in den vergangenen sechzig Jahren,* in: *GR* 12/1960.
7. K. Witthauer, *Geographische Differenzierungen der Bevölkerungsentwicklung 1920—1960 und Bevölkerungszahlen 1960*, in: *Geogr. Taschenbuch* 1960/61.
8. K. Witthauer, *UNO-Jahrbücher als Grundlage aktueller Bevölkerungszahlen*, in: *Petermanns Mitt.*, 1969.
9. K. Witthauer, *Das Flächen-Bevölkerungsdiagramm 1970*, in: *Petermanns Mitt.* 1971.
10. *Das Wachstum der Weltbevölkerung.* Zürich und Tübingen 1965.
11. *Der Weltbank Atlas. Bevölkerung, Wachstumsraten und Bruttosozialprodukt-Tabellen*, in: ‚Finanzierung und Entwicklung' 10/1973.

Arbeitsthemen und Referate

Die Bestimmungsgründe für die Verteilung der Weltbevölkerung
Ursachen und Verlauf der Bevölkerungsexplosion
Der demographische Übergang, aufgezeigt an länderweise gegliederten Weltbevölkerungsstatistiken

Ökumene — Bevölkerungsschätzung — Bevölkerungsanstieg — Bevölkerungswachstum — demographischer Übergang — demographische Revolution — Bevölkerungsexplosion

2.3. Zum Problem des Bevölkerungswachstums

„Jahrtausende brauchte die Menschheit, um ihre gegenwärtige Zahl von dreieinhalb Milliarden zu erreichen. In nur 30 Jahren wird sie sich auf sieben Milliarden verdoppeln. Die Menschheit wächst nicht mehr, sie explodiert. Die Auseinandersetzung zwischen den kapitalistischen und den kommunistischen Nationen ist harmlos, gemessen an der Konfrontation der reichen weißen mit der übervölkerten armen farbigen Welt.

In jeder Stunde nimmt die Erdbevölkerung um fast 8000 Menschen zu. In einem Jahr werden 70 Millionen mehr auf dem Planeten leben – mehr als die Bundesrepublik Einwohner hat. Diese Sintflut von Menschenleibern bringt das größte Problem der Menschheit: Die Übervölkerung der Erde."

(aus *Nürnberger Nachrichten* vom 14./15. 2. 1970)

Der starke Anstieg der Weltbevölkerung in diesem Jahrhundert wird in Zeitungen, Zeitschriften und Büchern als das brennendste Problem der Menschheit angesprochen; die Ernährung der heute täglich um 180 000 Menschen wachsenden Erdbevölkerung erscheint als ein ungelöstes Problem. Während die Weltbevölkerung im Mittelalter nur um 0,3 Prozent jährlich wuchs und somit jeweils 250 Jahre brauchte, um sich zu verdoppeln, beträgt die Wachstumsrate heute 2,1 Prozent.

→ *Atlas*

So tauchen beängstigende Fragen auf:

- Können Rohstoffgewinnung, Energieversorgung und Nahrungsmittelproduktion dem raschen Bevölkerungsanstieg folgen?
- Wird die industrielle Produktion aus Mangel an Rohstoffen zusammenbrechen?
- Wird die Nahrungsmittelknappheit Hungerkatastrophen nach sich ziehen und der Energiemangel das Ende der Zivilisation herbeiführen?
- Wird es eventuell soweit kommen, daß die rasch zunehmende Verschmutzung der Umwelt Leben auf der Erde kaum noch ermöglicht?

Das Problem, für eine steigende Bevölkerungsmenge neue Nahrungspotentiale zu erschließen, wurde bereits früh erkannt. Anfangs glaubte man jedoch im Sinne einer „göttlichen Ordnung", daß es ohne „gewaltsame und außerordentliche Mittel" zu einer Anpassung der Nahrungsmittelausweitung kommen würde.

„Daß in der Geburt, Vermehrung, Fortpflanzung, im Leben, Tode und in den Ursachen des Todes eine beständige, allgemeine, große, vollkommene und schöne Ordnung herrsche: dieses ist die Sache, die in dieser Abhandlung soll erwiesen werden. Die Erfahrung wird zugleich das bestätigen, was vorher aus der göttlichen Offenbarung dargetan ist, daß nämlich die Vermehrung der Einwohner auf der Erde der Erfolg aller dieser Ordnungen sei. Alle Regeln stimmen darin zusammen, daß das menschliche Geschlecht nicht nur erhalten, sondern auch allmählich und alljährlich vergrößert werde. Die Bevölkerung des Erdbodens ist also der Zweck, der durch diese Regeln der Ordnung, als durch die angemessensten Mittel, hat sollen erhalten werden. Diese Ordnungen sind so gemacht, daß die Bevölkerung nicht zu schnell, auch nicht zu langsam gehe, und daß sie endlich, ohne gewaltsame und außerordentliche Mittel, zu einem Stillstande von selbst kommen müsse, wenn die Welt mit der Anzahl angefüllet worden, welche den Nahrungsmitteln der Natur und des Fleißes proportioniert ist . . ."

(aus Johann Peter Süßmilch, *Die göttliche Ordnung in den Veränderungen des menschlichen Geschlechts, aus der Geburt, dem Tode und der Fortpflanzung desselben erwiesen.* Berlin 1761, S. 49; abgedruckt in: *Bevölkerungsgeschichte,* hrsg. von W. Köllmann und P. Marschalk, Köln 1972, S. 18)

2.3.1. Die Gedanken des Th. R. Malthus zur Bevölkerungsvermehrung

Dem Harmoniedenken trat Th. R. Malthus 1798 in *„An essay on the principle of population, as it affects the future improvement of society"* entgegen. Für ihn stellte sich die zukünftige Bevölkerungsentwicklung als ein Vorgang dar, dem durch die eingeschränkten Ausweitungsmöglichkeiten des Nahrungsspielraums unübersteigbare Grenzen gesetzt sind.

Die starke Bevölkerungszunahme führt nach Ansicht von Malthus unweigerlich dazu, daß die maximale Produktionsgrenze der für die Ernährung der Menschen erforderlichen Unterhaltsmittel überschritten wird. Die vier Reiter der Apokalypse – Hunger, Seuche, Krieg und Tod – würden die menschliche Springflut drosseln. Andererseits würden durch die hohen Geburtenraten immer wieder Menschenmassen nachkommen. Das Ergebnis für die Menschheit sei ein Lebensstandard, der gerade noch das kärglichste Existenzminimum beließe.

Mit der Vorstellung, daß eine ständig drohende Überbevölkerung die Erde beherrsche, schuf Malthus ein Schreckgespenst, das uns bis heute beschäftigt. In ihrer suggestiven Wirkung blieben die von Malthus aufgestellten Regelhaftigkeiten bis heute heiße Diskussionspunkte des Für und Wider.

Als „Malthus'sches Bevölkerungsgesetz" sind die Gedanken vom überstarken Bevölkerungsanstieg und begrenzten Nahrungsmittelpotential in die Bevölkerungswissenschaft eingegangen. Obwohl Malthus für die Erfassung seines „Gesetzes" keine eindeutigen statistischen Unterlagen besaß, stellte er gleichsam zur Illustration die geometrische Progression der Bevölkerungszunahme der arithmetischen Progression der Nahrungserweiterung gegenüber:

Bevölkerungszunahme von Generation zu Generation	1	2	4	8	16	32
Vermehrung der Nahrungsmittelproduktion	1	2	3	4	5	6

Die geschichtliche Entwicklung hat die Vorstellungen von Malthus widerlegt. Das lag wohl unter anderem darin begründet, daß er nur die für drohend erachteten Geburtenziffern betrachtete und die technische Entwicklung der Nahrungsmittelproduktion unterschätzte.

2.3.2. Zum Problem der Unterversorgung der Bevölkerung

Für die entwickelte, die industrialisierte Welt stellt sich das Problem einer Unterversorgung heute nicht. Die industrialisierte Welt hat einen Umbruch in der Bevölkerungsentwicklung erfahren (vgl. Kap. 2.2). Dies läßt sich weniger auf den technischen Fortschritt an sich, sondern auf geänderte Verhaltensnormen zurückführen, die objektiv oft gar nicht zu fassen sind. Hohe Konsumansprüche, Abneigung gegen Konsum- und Freizeitverzicht um einer größeren Familie willen, die objektiven Kostenfaktoren der Familie wie Mieten, Kleidung etc., kinderfeindliche Um-

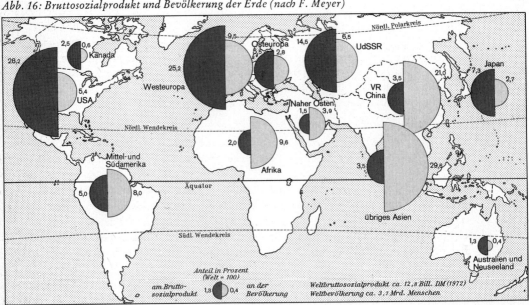

Abb. 16: Bruttosozialprodukt und Bevölkerung der Erde (nach F. Meyer)

gebung in städtischen Verdichtungsräumen, das neue Selbstverständnis der Frau, die ihre Erfüllung eher im Beruf und nicht mehr in der Familie sucht, die Überforderung der Eltern durch die schulischen Erziehungsprobleme ihrer Kinder: Das alles wird angeführt, um den geringen natürlichen Bevölkerungszuwachs in den Industrieländern zu erklären.

Für die unterentwickelte Welt dagegen scheinen sich die Vorhersagen von Malthus zu bestätigen. Immerhin betrug die jährliche Bevölkerungszuwachsrate im Durchschnitt der Jahre 1965 bis 1970 in Afrika 2,6 Prozent, in Asien 2,3 Prozent, in Lateinamerika 2,9 Prozent. Auf der Erde kann man somit noch einen „Malthusianischen Gürtel" ausmachen, wo aufgrund der Errungenschaften der Zivilisation die Bevölkerung wesentlich schneller wächst als der Nahrungsmittelspielraum.

→ *Atlas*

Auf diese Entwicklung machen alljährlich die FAO-Berichte aufmerksam (FAO = UN-Organisation für Ernährung und Landwirtschaft). Sie verweisen darauf, daß z. B. in Afrika oder Lateinamerika im Jahre 1966 weniger Nahrungsmittel pro Kopf der Bevölkerung erzeugt wurden als 10 Jahre zuvor.

Indexzahlen der Pro-Kopf-Nahrungsproduktion, nach Regionen (1963 = 100) (nach United Nations, Demographic Yearbook 1970)

Region	1956	1958	1960	1962	1964	1966
Afrika	98	96	100	99	99	94
Nordamerika	97	98	97	95	97	101
Südamerika	101	103	98	99	101	98
Vorderasien	95	98	96	99	98	97
Ostasien	95	96	100	100	101	95
Osteuropa/UdSSR	94	103	104	106	108	120
Westeuropa	86	90	96	100	100	101
Ozeanien	86	95	95	100	102	108
Welt	95	98	99	100	101	102

Selbst große technische Bauten zur Steigerung der Nahrungsproduktionsrate bedingen keine Erhöhung der Pro-Kopf-Nahrungsproduktion, da die Bevölkerung stark zunimmt. So ist beispielsweise in den neun Jahren Bauzeit des Assuan-Staudamms die Bevölkerung in Ägypten um mehr Menschen angewachsen, als durch die neu bewässerten Anbauflächen satt werden können.

2.3.3. Zur „Übervölkerung" und Tragfähigkeit der Erde

Die gegenwärtige Vermehrung der Bevölkerung in weiten Teilen der Erde hat sicher schwerwiegende Probleme gebracht. Doch wurde in der starken Betonung einer zukünftigen Bevölkerungskrise, die ihren Ursprung in einer vermuteten Übervölkerung haben soll, mehr journalistisch-propagandistisch als wissenschaftlich argumentiert.

Weltbevölkerungsentwicklung (geschätzt) auf der Basis eines jährlichen Wachstums von 2 % (in Mrd. Menschen) (nach United Nations, Demographic Yearbook 1970)

1960	3,0	2050	17,8
1970	3,7	2100	47,9
1980	4,5	2200	430,6
2000	6,7		

Ein jährliches Bevölkerungswachstum von 2 % bedeutet eine Verdoppelung der Erdbevölkerung innerhalb von 35 Jahren; eine jährliche Steigerung um nur 1 % würde hingegen völlig andere Werte ergeben.

Die Ungereimtheiten beginnen bereits mit einer falschen Vorstellung des „Übervölkerungsdruckes", den man in einer direkten Abhängigkeit zum Bevölkerungswachstum sieht. Danach wird betont, daß der größte Bevölkerungsdruck in den Gebieten mit der höchsten Volksdichte herrscht. Dagegen stellt die wissenschaftliche Analyse objektiv fest, daß die Übervölkerung ein exakt nachweisbarer, wirtschaftlich bedingter Tatbestand ist. Nur wenn die Bevölkerungszahl eines Gebietes nicht mehr durch entsprechende Unterhaltsmittel (Nahrung etc.) versorgt werden kann, ist es möglich, von einer „Übervölkerung" zu sprechen.

Dabei muß jedoch klar differenziert werden zwischen einer relativen Übervölkerung (Produktion eines Gebietes reicht nicht aus, die Bevölkerung des gleichen Gebietes zu versorgen) und einer absoluten Übervölkerung (auch durch Import aus anderen Ländern kann die Bevölkerung eines Gebietes nicht versorgt werden). Von besonderer Bedeutung ist dabei, daß selbst bei einer solchen Definition die absolute Übervölkerung keinen unüberschreitbaren Grenzwert darstellt. Vielmehr öffnet sich häufig dadurch ein Ventil, daß durch ein mögliches Absinken des

Lebensstandards die Vorbedingung für eine weitere Zunahme der Bevölkerung geschaffen werden kann. Damit wird die „Übervölkerung" vorrangig zu einem soziologischen Problem und bedarf des zusätzlichen psychologischen Moments des „Sich-beengt-Fühlens".
Selbst die mangelnde Nahrungsmittelversorgung der „hungernden Völker der Dritten Welt" ist kein Zeichen einer Übervölkerung der Erde; eher schon ein Hinweis auf mangelnde Transportkontakte und unzureichende weltwirtschaftliche Zusammenarbeit.

2.3.4. Die Tragfähigkeit der Erde

→ *Atlas*

Das starke Anwachsen der Weltbevölkerung hat schon kurz nach der Jahrhundertwende die Frage ausgelöst: Wie viele Menschen kann die Erde ernähren?

Ausgangspunkt erster Berechnungen waren dabei die Kontinente oder Landschaftsgürtel in ihren natürlichen Grundlagen; d. h., man untersuchte, welche Ernährungskapazität einzelne Naturräume bieten, und bestimmte dabei unter Berücksichtigung eines gegebenen Lebensstandards die ernährbare Menschenmenge.
E. G. Ravenstein errechnete bereits im Jahre 1891 eine maximale Erdbevölkerung von 5,995 Milliarden Menschen; nach seinen Überlegungen sollte diese Zahl im Jahre 2072 erreicht werden (vgl. heutige Schätzungen, die diese Bevölkerungszahl bereits im Jahr 1990 erwarten). Als Bezugspunkt seiner Berechnungen nahm er die vom Menschen landwirtschaftlich zu nutzenden Gebiete heraus, setzte einen intensiven Anbau voraus, und ging von der Vorstellung aus, daß 70 Menschen auf 1 km² fruchtbaren Bodens ernährt werden können. Ravensteins Ansatz ist weitgehend eine Rohschätzung. Vor allen Dingen macht man ihm zum Vorwurf, daß er etwa eine Erhöhung des durchschnittlichen Ernteertrags und den Ertrag der Fischerei außerhalb

Tragfähigkeitsberechnung nach A. Penck (nach K. Scharlau, Bevölkerungswachstum und Nahrungsspielraum. S. 157)

Klimate	Fläche (in Mill. km²)	Dichtest besiedelte Länder und angenommene größte Volksdichte (Einw./km²)	Höchste denkbare Einwohnerzahl (in Mill.)	Wahrscheinliche mittlere Volksdichte (Einw./km²)	Wahrscheinliche größtmögliche Einwohnerzahl (in Mill.)
1. Feuchtheiße Urwaldklimate	14,0	Westjava 350	5 600	200	2 800
2. Period. trockene Savannenklimate	15,7	Madras 115	1 806	90	1 413
3. Steppenklimate	21,2	Dongebiet 21	212	5	106
4. Wüstenklimate	17,9	Ägypten 14	54	1	18
5. Warme wintertrockene Klimate	11,3	Bengalen 228	2 576	110	1 243
6. Warme sommertrockene Klimate	2,5	Italien 125	312	90	225
7. Feuchttemperierte Klimate	9,3	Südjapan 220	2 046	100	930
8. Winterfeuchte kalte Klimate	24,5	Kongreßpolen 106	2 597	30	735
9. Wintertrockene kalte Klimate	7,3	Tschili 96	701	30	219
10. Tundraklimate	10,3	Grönland 0,02	0	0,01	0
11. Klimate des ewigen Frostes	15,0	Antarktika 0	0	0	0
Gesamte Landoberfläche	149,0		15 904	51	7 689

seiner Betrachtung läßt; ebenso glaubt er, daß die Tropenländer nicht zur Besiedlung durch Europäer geeignet seien.

A. Penck (1924) stellt die Befriedigung des Nahrungsbedürfnisses der Bevölkerung als *„das Hauptproblem der physischen Anthropogeographie"* dar. Auch für ihn ist der Grundgedanke entscheidend, daß auf der Erde bei einer Höchstkultur des Bodenanbaus kein weiterer Bevölkerungszuwachs möglich ist. Die Intensität des Bodenanbaus hängt ab von den natürlichen Faktoren, die eigentlich durch eine exakte Bonitierung der Böden wiedergegeben werden müßten. Da eine solche Bonitierung damals nicht ermöglicht werden konnte, zieht A. Penck als methodisches Hilfsmittel die Klimaräume heran. Er ermittelt ihre Flächen und setzt für jede klimatische Einheit unter Verwendung bisher regional schon erreichter Dichtewerte eine „größtmögliche Volksdichte/km²". Die errechnete maximale Volksdichte wird jedoch durch graduelle und regionale Abstufungen innerhalb eines Klimagebietes in der Realität nicht erreicht werden können. Die *„wahrscheinlich größtmögliche Einwohnerzahl"* wird durch Reduzierung erreicht. Nach welchen Verfahren und Überlegungen Penck dabei vorgeht, bleibt jedoch unersichtlich.

A. Fischer (1925) geht in seinen Überlegungen zur Tragfähigkeit stärker von wirtschaftsgeographischen Überlegungen aus. Neben den Fragen der Ausdehnungsfähigkeit des Bodens, möglicher Produktionssteigerung je Flächeneinheit und der Intensität des Anbaus wird auch der Konsumbedarf vor dem Hintergrund unterschiedlichen Lebensstandards der Völker gesehen. Der Bedarf an Anbauflächen pro Einwohner differiert damit regional. Fischer kommt zu einer maximalen Tragfähigkeit von 6,2 Milliarden Bewohner auf der Erde.

W. Hollstein (1937) bezieht seine Untersuchungen auf die Bonitierung der Erdoberfläche. Da es sich zeigte (vgl. A. Penck), daß ein natürlicher Faktor (bei A. Penck das Klima) keine Grundlage für eine sinnvolle Bonitierung liefern kann, berücksichtigt Hollstein auch bodenkundliche Tatbestände, Relief, natürliche Pflanzenformation etc. Da Körnerfrüchte das wichtigste Weltnahrungsmittel sind, wurden die möglichen ha-Erträge errechnet. Wenn man weltweit einen Tagesbedarf von 2500 Kalorien pro Person ansetzt, kann für jedes Gebiet unter Berücksichtigung der höchstwertigen Körnerfrucht (vgl. 1 dz

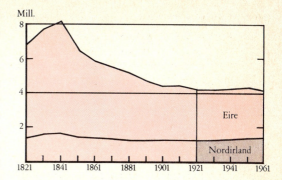

Abb. 17: Bevölkerungsentwicklung in Irland (nach Johnson, 1964)

Reis hat wesentlich mehr Kalorien als 1 dz Roggen) die ernährbare Menschenmenge errechnet werden.

Tragfähigkeitsuntersuchungen im Sinne der Erfassung von Ernährungskapazitäten hatten ihren besonderen Aussagewert für die Agrargesellschaft. Obwohl mit den natürlichen Grundlagen (Klima, Bodenverhältnisse, Oberflächenformen, Landschaftsgürtel) eine Bonitierung der Erdoberfläche erreicht und auch die Intensivierung des Anbaus als Problem erkannt war, wurden Faktoren wie die technische Entwicklung, verbesserte Düngemethoden, verkehrsmäßige Erschließung, demographische Entwicklung (z. B. hoher Anteil von älteren erwerbsunfähigen Personen) oder differenzierter Lebensstandard und unterschiedliche Eßgewohnheiten zu wenig oder gar nicht behandelt.

Die große Hungerkatastrophe in Irland (1845 bis 1848) ist ein Beispiel für eine zahlenmäßig überbesetzte Bevölkerung auf landwirtschaftlicher Grundlage. Durch Kartoffelmißernten konnte sich die bis Mitte des 19. Jahrhunderts stark angewachsene Bevölkerung Irlands nicht mehr im gewohnten Selbstversorgerprinzip ernähren, ein Nahrungsmittelimport war aufgrund unzureichender Welthandelsbeziehungen nicht möglich; als einziger Ausweg blieb die Auswanderung.

In einer arbeitsteiligen Industriewirtschaft stellt sich das Problem der Tragfähigkeit in anderer Sicht. Besonders Isenberg weist in seinen Arbeiten darauf hin, daß alle Kapazitäten beherrscht werden müssen, die eine Bevölkerung in die Lage versetzen, sich die für ihre Lebenshaltung erforderlichen Güter und Dienstleistungen zu beschaffen, z. B.:

- natürliche Hilfsquellen
- Investitionskapital in Bergbau, produzierendem Gewerbe und privatem Dienstleistungsbereich
- Kapital in Form der Infrastruktur (Verkehrsanlagen, Bildungseinrichtungen, Gesundheitsinstitutionen etc.)
- berufliche Ausbildung der Arbeitskräfte
- restriktionsloser Welthandel

In einer Industriegesellschaft ist es daher kaum möglich, die Tragfähigkeit für die Erde oder einen Teilraum der Erde sinnvoll zu projizieren. Es ließe sich immer nur eine kurzfristige Situation erfassen, die sich aus demographischen, ökonomischen und technologischen Gründen sehr schnell ändert. Es wird daher immer wieder betont, daß die Tragfähigkeit eines Raumes schwerlich als quantifizierbare Größe im Sinne einer maximalen Grenze der Bevölkerungszahl ermittelt werden kann, sondern nur ein Hilfsmittel bei der Darstellung von Schnitten durch Entwicklungsprozesse sein sollte.

Beispiel

Mit der Ansiedlung vieler Flüchtlinge unmittelbar nach dem 2. Weltkrieg im Zonenrandgebiet stellte sich das Problem einer regionalen Tragfähigkeit. Die vorhandenen Wohnraumreserven gestatteten eine Aufnahme des Flüchtlingsstromes; die wirtschaftliche Grundausstattung der oft landwirtschaftlich orientierten Räume bot indes keine zusätzliche Existenzgrundlagen. Durch zwei Wege konnte man den „übervölkerten" Zonenrandgebieten helfen:

- Umsiedlungsaktionen in die Industriegebiete
- gezielte Förderungsmaßnahmen (Investitionshilfen) im Zonenrandgebiet zur Steigerung des Arbeitsplatzangebots.

Weiterführende Literatur

1. K. Bernstorff, *Bevölkerungswachstum und Nährfläche*, in: GR 6/1954.
2. M. Blasoni, *Das Problem der Welternährung — eine Skizze angewandter Sozialgeographie*, in: Mitt. d. Österr. Geogr. Ges. 1972.
3. H. Boesch / J. Bühler, *Eine Karte der Welternährung*, in: GR 24/1972.
4. P. Busch, *Bevölkerungswachstum und Nahrungsspielraum auf der Erde. Fragenkreise für die Oberstufe der Höheren Schulen.* Paderborn, München 1963.
5. P. R. Ehrlich / A. H. Ehrlich, *Bevölkerungswachstum und Umweltkrise. Die Ökologie des Menschen.* Frankfurt/M. 1972.
6. G. Isenberg, *Zur Frage der Tragfähigkeit von Staats- und Wirtschaftsräumen*, in: *Raumforschung und Raumordnung* 1948.
7. G. Isenberg, *Darstellung der Methode zur Erfassung der Tragfähigkeit*, in: *Ber. z. dt. Landeskunde* 8/1950.
8. G. Isenberg, *Tragfähigkeit und Wirtschaftsstruktur. Veröff. d. Akad. f. Raumforschung und Landesplanung,* Bd. 22, 1953.
9. G. Isenberg, *Tragfähigkeit*, in: *Handwörterbuch der Raumforschung und Raumordnung*, Bd. 3, 1970.
10. J. H. Johnson, *Der Bevölkerungswandel Irlands im 19. und 20. Jahrhundert*, in: GR 16/1964.
11. D. Meadows, *Die Grenzen des Wachstums.* Stuttgart 1972.
12. K. Witthauer, *Zeitzünder der Überbevölkerungsbombe? Ztschr. f. d. Erdkundeunterricht* 1970.
13. *Welternährungskrise oder ist eine Hungerkatastrophe unausweichlich?* rororo Taschenbuch 1968.

Arbeitsthemen und Referate
Das Problem der Schätzung einer Tragfähigkeitsgrenze der Erde
Die Tragfähigkeit bei Agrar- und Industriegesellschaften
Bevölkerungswachstum und Nahrungsmittelversorgung
Die „Übervölkerung der Erde" — ein globales und lokales Problem

Malthus'sches Bevölkerungsgesetz — Unterversorgung — Überbevölkerung — Tragfähigkeit — Bonitierung der Erde — Ernährungskapazität — Hungerkatastrophe

3. Gesellschaftsstruktur

3.1. Die Bevölkerung als sozialer Körper

3.1.1. Soziale Schichtung und Gesellschaftsstatus

Die Soziologie sieht in der Gesellschaft keine amorphe Masse, sondern einen strukturierten Körper, der in verschiedenen Schichten darstellbar ist. Von besonderer Bedeutung für die soziale Schichtung ist die soziale Wertschätzung, die eine bestimmte Bevölkerungsgruppe durch die Gemeinschaft erfährt. Hinter dieser Wertschätzung verbirgt sich der Status eines Menschen oder einer Bevölkerungsgruppe.
Erfolgt die Statusordnung eines Menschen immer aufgrund einer Bewertung, so ist es von besonderer Wichtigkeit, die Kriterien dieser – häufig subjektiven – Bewertung kennenzulernen.
Grundsätzlich sind zu unterscheiden:

● Bewertung mittels eines Kriteriums, z. B. Abstammung, Beruf, Einkommen, schulische Ausbildung, Verfügung über Produktionsmittel, Sozialprestige. Da das Individuum mit seinem Stellenwert innerhalb einer Position (z. B. Berufsposition) erfaßt wird, spricht man auch vom Positionsstatus.

Erwerbspersonen nach der Stellung im Beruf 1950 bis 1970 (in %) in der Bundesrepublik Deutschland

Jahr	Selbständige	Mithelfende Familienangehörige	Beamte	Angestellte	Arbeiter
1950	14,7	14,4	4,0	16,0	50,9
1961	12,2	10,0	4,7	24,4	48,5
1970	9,7	6,3	7,3	31,1	45,6

● Bewertung durch eine Vielfalt von sozial relevanten Kriterien mit dem Versuch, die gesamte gesellschaftliche Wertschätzung zu erfassen. Dieses Verfahren ist heute noch zu wenig empirisch abgesichert, über eine grobe Gliederung des gesellschaftlichen Status ist man noch nicht hinausgekommen. Besondere Schwierigkeiten ergeben sich dadurch, daß verschiedene Positionen unterschiedlichen Rangs auf ein Individuum zutreffen können (z. B. hohes Einkommen und geringe schulische Ausbildung).

Verteilung der Bevölkerung der Bundesrepublik Deutschland im Statusaufbau (nach K. M. Bolte 1967, S. 296 f.)

Scheuch (1961)	Moore/Kleining (1960)
Untergliederung des Statusaufbaus	
Oberschicht 2,5 %	z. B. Großunternehmer Spitzenfinanz Hochadel Spitzenpolitiker 1 %
Obere Mittelschicht 6,1 %	z. B. leitende Angestellte/ Beamte, Professoren, Ärzte, Richter, Rechtsanwälte ca. 5 %
Mittlere Mittelschicht 14,6 %	z. B. mittlere Angestellte/ Beamte, Ingenieure, Lehrer, mittlere Geschäftsinhaber ca. 15 %
Untere Mittelschicht 20,7 %	z. B. untere Angestellte/ Beamte, Malermeister, Friseurmeister, Werkmeister, Kleinhändler, höchstqualifizierte Arbeiter ca. 30 %
Obere Unterschicht 36,6 %	z. B. unterste Angestellte/ Beamte, Kellner, Kleinsthändler, Industriearbeiter ca. 28 %
Untere Unterschicht 19,5 %	z. B. Straßenarbeiter, Landarbeiter, Handlanger ca. 21 %

Die oben angeführten Tabellen zeigen uns nur zwei Möglichkeiten der Gliederung in Statusgruppen und Sozialschichten. Für beide aber ist kennzeichnend, daß man aufgrund bestimmter Kriterien eine Rangstufe der Statusgruppen bzw. eine vertikale Abfolge von Sozialschichten als Ergebnis erhält.

Dieses Strukturschema sozialen Ungleichgewichts dient gleichzeitig zur Verdeutlichung des sozialen Abstiegs bzw. Aufstiegs, d. h. der Positionsveränderung des Menschen in eine andere Statusgruppe. Solche Positionsveränderungen werden auch als „vertikale Mobilität" oder als „soziale Mobilität" bezeichnet.

3.1.2. Bestimmungsfaktoren der Sozialstruktur im historischen Vergleich

Die Festlegung und Bewertung von Gesellschaftsschichten unterliegt im besonderen den gesellschaftlichen und wirtschaftlichen Verhältnissen. So ist es einleuchtend, daß sich mit der Veränderung gesellschaftlicher und wirtschaftlicher Rahmenbedingungen im historischen Ablauf auch die Bevölkerungsstruktur verändert.

K. M. Bolte (*Der gesellschaftliche Aspekt menschlicher Existenz.* In: *Deutsche Gesellschaft im Wandel,* Opladen 1967, S. 27 ff.) stellt das vorindustrielle Wirtschafts- und Sozialsystem den heutigen sozialen Strukturen gegenüber. Folgende charakteristische Strukturelemente werden als für das vorindustrielle Wirtschafts- und Sozialsystem kennzeichnend genannt:

● Die soziale Stellung des Menschen ist weitgehend durch die Geburt bestimmt. Ohne eigenes Zutun ist der Mensch fest in ein System von aufeinander bezogenen sozialen Verbänden wie Familie, Kirchengemeinde, Berufsverband eingeordnet.

● Die Großfamilie, in der mehrere Generationen zusammenleben, wirkt als bewahrendes Element.

● Die Erfahrungswelt des Individuums ist auf einen kleinen, leicht überschaubaren Bereich des sozialen Lebens beschränkt.

● Die einseitige wirtschaftliche Betätigung der Bevölkerung in der Landwirtschaft verstärkt die Tendenz der Seßhaftigkeit und mindert die wirtschaftlichen Austauschbeziehungen.

● Die Arbeitsverfassung integriert die Lehrlinge und Gesellen weitgehend in die Meisterfamilie.

● Eine Vielzahl von Bräuchen und Rechtsnormen, z. B. die Starrheit der Standesgrenzen und der Schollenzwang für abhängige Bauern führen zu einer geringen Mobilität der Bevölkerung.

● Die Herrschaftsbeziehungen sind durch die persönliche Bindung zwischen „Herren" und „Beherrschten" gekennzeichnet, z. B. Treuebindung in Grundherrschaft und Lehenswesen.

● Die führenden Schichten der Gesellschaft sind politisch-rechtlich streng gegliedert, z. B. in die drei Stände Adel, Geistlichkeit und städtisches Bürgertum.

Mit der Industrialisierung ändern sich diese vorindustriellen Bestimmungsfaktoren der Bevölkerungsstruktur sehr rasch. Neue technische Produktionsprozesse, Verbesserung der Verkehrswege, Beseitigung rechtlicher Hemmnisse, die neuen politischen Ideale des Liberalismus und Sozialismus, das starke Bevölkerungswachstum und eine Vielzahl neuer Berufe führen zu einem Wandel sozialer Strukturen.

Die „neuen" sozialen Strukturen sind nach K. M. Bolte von einer starken inneren Dynamik geprägt, die sich besonders durch eine hohe soziale Mobilität auszeichnet. Die freie Berufswahl, die verbesserten Möglichkeiten einer gleichen schulischen Ausbildung für alle Kinder, die breite Palette von Berufen mit unterschiedlichem Einkommensniveau und Sozialprestige, die großen Freiheiten in der Konsumwahl und im Lebensstil führen zu einer Gesellschaftsstruktur, die durch Pluralität und Differenziertheit gekennzeichnet ist. Die sozialen Verflechtungen sind heute wesentlich weiträumiger als früher. In Verbindung mit der Fortschrittsbejahung, einer weltoffenen und sachlichen Einstellung scheinen die Kategorien des sozialen Status an Bedeutung zu verlieren. Die These von einer immer stärkeren Nivellierung der Gesellschaft in Richtung auf eine „Mittelstandsgesellschaft", die von H. Schelsky vertreten wird, zielt ebenfalls auf eine weitgehende Bedeutungsminderung der sozialen Schichtung. Durch soziale Aufstiegs- und Abstiegsvorgänge kommt es zu einer relativ einheitlichen Gesellschaftsschicht.

„Die Herausbildung einer nivellierten kleinbürgerlich-mittelständischen Gesellschaft, die ebensowenig proletarisch wie bürgerlich ist, wird durch den Verlust der Klassenspannung und sozialen Hierarchie gekennzeichnet ... Deshalb

ist diese nivellierte mittelständische Gesellschaft nicht mehr von der Struktur der jeweiligen Sozialschichtung her zu verstehen, sondern sie ist wesentlich von ihrer Mobilität, von den sozialen Auf- und Abstiegsprozessen und der ihnen zugehörigen sozialen Mentalität her zu begreifen."

(aus H. Schelsky, *Wandlungen der deutschen Familie in der Gegenwart.* Dortmund 1953, S. 218)

Soziale Mobilität spielt damit sowohl in einer weitgehend nivellierten Mittelstandsgesellschaft als auch in einer klassenbestimmten (vgl. K. Marx) bzw. schichtenbestimmten Gesellschaft eine fundamentale Rolle.

3.1.3. Die soziale Mobilität

Die soziale Mobilität, d. h. die Bewegung zwischen sozialen Positionen, setzt voraus, daß das Gesellschaftssystem durch soziale Ungleichheiten charakterisiert ist.

R. Dahrendorf untersucht den Ursprung der sozialen Ungleichheit unter den Menschen. Er verweist insbesondere darauf, daß bereits Aristoteles das soziale Ungleichgewicht als eine Folge der „natürlichen Unterschiede" des Menschen interpretierte.

„Es ist also klar, daß es von Natur Freie und Sklaven gibt und daß das Dienen für diese zuträglich und gerecht ist ... Desgleichen ist das Verhältnis des Männlichen zum Weiblichen von Natur so, daß das eine besser, das andere geringer ist, und das eine regiert und das andere regiert wird ..."

(zitiert nach R. Dahrendorf: *Über den Ursprung der Ungleichheit unter den Menschen.* In: *Recht und Staat in Geschichte und Gegenwart.* Heft 232, Tübingen 1961, S. 6)

Spätestens im Zeitalter der Aufklärung ist der Gedanke des sozialen Ungleichgewichts aufgrund „naturgegebener Unterschiede" in den Hintergrund getreten. Statt dessen wurde das Privateigentum und die Verfügbarkeit über Produktionsmittel als die entscheidenden Bestimmungsfaktoren sozialen Ungleichgewichts erkannt (vgl. J.-J. Rousseau, L. von Stein, K. Marx).

K. M. Bolte weist darauf hin, daß zwar Privateigentum und Verfügbarkeit von Produktionsmitteln zu erheblichen sozialen Ungleichheiten führen können, andererseits aber in sogenannten sozialistischen Ländern (UdSSR, VR China) in denen Privateigentum an Produktionsmitteln weitgehend bedeutungslos ist, dennoch soziale Ungleichgewichte feststellbar sind (K. M. Bolte, *Soziale Schichtung der BRD.* In: *Die Gesellschaft im Wandel.* Opladen 1967, S. 255).

So wurde bald auch die Arbeitsteilung als ein Bestimmungsgrund sozialer Ungleichheiten angesehen (vgl. bes. E. Durkheim, G. Schmoller), wobei noch psychologische Bewertungen bestimmter Berufspositionen eine Rolle spielen können.

In der heutigen gesellschaftlichen Situation der Bundesrepublik Deutschland eignen sich mehrere soziale Kriterien zur Erfassung des sozialen Ungleichgewichts:

„In einer ersten Annäherung an das Problem der strukturierten sozialen Ungleichheit läßt sich sagen, daß es eine Vielzahl von sozialen Merkmalen gibt, mit deren Hilfe die Rang- oder Statusungleichheit sozialer Positionen ermittelt werden kann: Vermögen, Sozialprestige, Einkommen, Grad der Verhaltensautonomie, Lebensstil, Verfügung über Produktionsmittel, Bildungs- und Ausbildungsniveau, Macht und Einfluß etc.

... Die Ermittlung eines gesellschaftlichen Gesamtstatus, der alle die genannten Statusmerkmale in sich zusammenfaßt, wirft große theoretische und forschungstechnische Schwierigkeiten auf ... Statt dessen ist in der vertikalen Mobilitätsforschung das Verfahren üblich, sich entweder bewußt auf die Untersuchung von Mobilitätsvorgängen in einer einzigen Merkmalsdimension (bzw. einer begrenzten Anzahl kombinierter Merkmale) zu beschränken, oder aber eine bestimmte Dimension als (mehr oder weniger vollkommenen) Indikator für das Gesamtphänomen ‚vertikale Mobilität' anzusehen."

(aus R. Kreckel, *Vertikale Mobilität und Immobilität in der BRD.* In: *Mitt. aus dem Inst. für Raumordnung,* Heft 75, S. 6)

3.1.4. Typen sozialer (vertikaler) Mobilität

Der Begriff der sozialen Mobilität wird wie derjenige der Mobilität von verschiedenen Wissen-

Mobilitätstypus:	Räumliche Mobilität	Arbeitsmobilität	Vertikale Mobilität
Strukturelle Dimension:	Räumliche Struktur	Gesellschaftliche Arbeitsorganisation	Soziale Ungleichheit
Gliederungseinheit:	Räumliche Einheit	a) Arbeitsstelle, Betrieb b) Beruf, Tätigkeit	Statusgruppe, Schicht
Mobilität zwischen den Einheiten:	Wanderung, Migration	a) Arbeitskräftefluktuation b) Berufsmobilität	Sozialer Auf- und Abstieg
Mobilität innerhalb der Einheiten:	Kleinräumige Mobilität	a) Innerbetriebliche Mobilität b) Karrieremobilität	Horizontale Mobilität

schaftsdisziplinen und verschiedenen Forschern oft nicht in einheitlicher Art und Weise gebraucht.

In Anlehnung an K. M. Bolte läßt sich folgende Definition des Begriffes der sozialen Mobilität geben:

„*In allgemeinster Formulierung wird unter Mobilität die Bewegung von Personen aus einer Position in eine andere Position innerhalb jeder möglichen Gliederung einer Gesellschaft verstanden. Je nach Art der zugrunde gelegten Gliederung – Beruf, Wohngemeinde, Konfession usw. – läßt sich die Berufsmobilität von der regionalen, der Konfessionsmobilität und anderen unterscheiden. Es gibt so viele ‚spezielle Mobilitätsvorgänge‘, wie sich Gliederungen bilden lassen, innerhalb derer wir Bewegungen von Position zu Position oder von Einheit zu Einheit verfolgen können.*"

(aus K. M. Bolte, *Sozialer Aufstieg und Abstieg. Eine Untersuchung über Berufsprestige und Berufsmobilität*. Stuttgart 1959 (= *Soziolog. Gegenwartsfragen N. F.*, S. 8)

R. Kreckel u. a. geben einen Überblick über Mobilitätstypen (vgl. obige Tab. aus: *Vertikale Mobilität und Immobilität in der BRD. Mitt. aus dem Inst. f. Raumordnung.* Heft 75, 1972, S. 5).

Die hierbei aufgeführten Begriffsdefinitionen bedürfen einer Klärung:

● Räumliche Mobilität, Arbeitsmobilität und vertikale Mobilität werden als die drei Grundtypen der sozialen Mobilität angesehen. Zu wenig berücksichtigt scheinen die Beziehungen zwischen den drei Grundtypen zu sein; z. B. können Arbeitsmobilität und vertikale Mobilität nur zwei Aspekte eines ablaufenden Prozesses sein.

● Die klare Unterscheidung von Mobilitätsvorgängen zwischen den Einheiten und Mobilitätsvorgängen innerhalb der Einheiten ist sehr wichtig, wird doch dabei klar aufgezeigt, daß Mobilität nicht immer mit einem Umzug in einen Ballungsraum oder einem sozialen Aufstieg übereinstimmt.

● Die horizontale Mobilität wird hier im engeren Sinn verstanden und bezeichnet die Positionsbewegungen innerhalb einer Statusgruppe. Häufig spricht man von horizontaler Mobilität auch im Sinne der regionalen und räumlichen Mobilität, d. h. also eine Positionsveränderung im Raum (vgl. Kapitel 4.1.2).

● Alle Mobilitätsvorgänge können entweder unter dem Gesichtspunkt der Positionsveränderung einer Person oder unter dem Gesichtspunkt der Positionsveränderung zwischen den Generationen von Eltern und Kindern angesehen werden. Man kann also eine Intra-Generations-Mobilität (durch Fortbildung wird ein Facharbeiter zum Ingenieur) von einer Inter-Generations-Mobilität (Vater ist Stahlhüttenarbeiter, Sohn ist nach Studium Studienrat) unterscheiden.

3.1.5. Die Berufs- und Erwerbsstruktur als Indikatoren der sozialen Schichtung

Unter der Vielzahl von möglichen Bewertungskriterien der sozialen Schichtung nimmt die Berufs- und Erwerbsstruktur eine zentrale Stellung ein. Als Einzelkriterium hat sie den Vorteil, eine exakte Gliederung zu ermöglichen, die bei dem Ansatz eines gesellschaftlichen Gesamtstatus (Erfassung mehrerer Strukturmerkmale in einer Schicht) nicht gegeben ist oder stark subjektiv gestaltet wird. Gegenüber anderen verwendbaren Einzelkriterien (z. B. Vermögen, Einkommen, Macht und Einfluß, Sozialprestige etc.) kann die Berufs- und Erwerbsstruktur besser erfaßt werden, da zahlreiche Statistiken über ausgeübte Berufe und Erwerbspersonen zur Verfügung stehen.

A) *Die Verschiebung der Berufsstruktur im Deutschen Reich bzw. in der Bundesrepublik Deutschland als Indikator für eine im historischen Ablauf veränderte soziale Schichtung (in %) (nach Vertikale Mobilität und Immobilität in der BRD. In: Mitt. aus dem Inst. f. Raumordnung. 1972, S. 15, und St. Jb. für die Bundesrepublik Deutschland 1973, S. 138)*

Jahr	Selbständige	Mithelfende Familienangehörige	Beamte	Angestellte	Arbeiter
1882	25,6	10,0	3,1	3,0	57,4
1907	18,8	15,0	4,3	7,4	53,1
1933	16,4	16,4	4,6	12,5	50,1
1950	14,7	14,4	4,0	16,0	50,9
1961	12,2	10,0	4,7	24,4	48,5
1971	10,2	6,3	5,6	31,2	46,5

B) *Verteilung männlicher Berufstätiger nach Berufskreisen in der Bundesrepublik Deutschland als Indikator für den Wandel der sozialen Schichtung von Generation zu Generation (in %) (nach G. Kleining, Struktur- und Prestigemobilität in der BRD. In: Kölner Ztschr. f. Soziologie und Sozialpsychologie. 23/ 1971, S. 9)*

	Großväter-Generation	Väter-Generation	Söhne-Generation (1969/70)
Freie Berufe	1,6	1,8	2,0
Selbständige	21,2	15,8	10,5
Beamte	8,5	11,3	10,8
Angestellte	5,4	11,5	24,0
Landwirte	24,1	13,8	5,5
Facharbeiter	21,4	30,5	35,4
Sonstige Arbeiter	17,8	15,3	11,8

→ *Atlas*

C) *Wandel der Erwerbsstruktur innerhalb verschiedener Generationen im regionalen Vergleich*

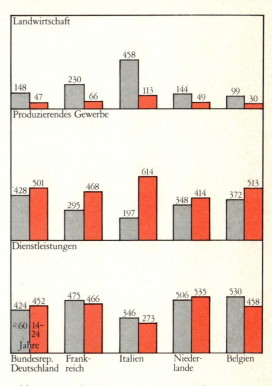

Abb. 18: *Beschäftigte pro 1000 Erwerbstätige verschiedener Altersgruppen nach Wirtschaftssektoren und Staaten (1970) (nach ‚Handelsblatt')*

D) *Die Veränderung der Betriebsgrößenstruktur in der Land- und Forstwirtschaft in der Bundesrepublik Deutschland als Folge eines wirtschaftlichen Entwicklungsprozesses und als Indikator für einen sozialen Wandel (nach St. Jb. 1973, S. 156)*

Landwirtschaftliche Nutzfläche (ha)	Betriebe (in 1000)			Veränderung 1960–1972 (in %)
	1960	1969	1972	
0,5—2	462,8	362,9	279,8	— 39,6
2—5	387,1	279,2	219,1	— 43,4
5—7,5	197,4	142,3	205,9	— 40,0
7,5—10	145,6	110,0		
10—15	188,2	169,1	140,5	— 25,4
15—20	98,3	111,6	102,6	+ 4,3
20—50	122,0	149,1	169,8	+ 39,1
50—100	13,7	15,2	18,9	+ 37,9
> 100	2,6	2,8	3,4	+ 30,7
Betriebe insgesamt	1617,7	1342,1	1140,1	— 29,6

Weiterführende Literatur

1. G. Albrecht, *Soziologie der geographischen Mobilität.* Stuttgart 1972.
2. L. Baumanns / H. Grossmann, *Deformierte Gesellschaft? Soziologie der Bundesrepublik Deutschland.* rororo Taschenbuch 1969.
3. K.-M. Bolte, *Die Mobilität in unserer Gesellschaft,* in: *Kölner Ztschr. f. Soziologie und Sozialpsychologie,* 10/1958.
4. K.-M. Bolte, *Sozialer Aufstieg und Abstieg. Eine Untersuchung über Berufsprestige und Berufsmobilität. Soziologische Gegenwartsfragen,* Stuttgart 1959.
5. K.-M. Bolte, *Deutsche Gesellschaft im Wandel.* Opladen 1967.
6. K.-M. Bolte, *Vertikale Mobilität,* in: *Handbuch der empirischen Sozialforschung,* 2. Band, Stuttgart 1969.
7. R. Kreckel u. a., *Vertikale Mobilität und Immobilität in der Bundesrepublik Deutschland. Mitt. aus dem Inst. f. Raumordnung,* Heft 75, 1972.
8. W. Zapf, *Theorien des sozialen Wandels.* Köln 1970.

Arbeitsthemen und Referate
Möglichkeiten der Gliederung einer Bevölkerungsgesamtheit in soziale Schichten und Gruppen
Die Sozialstruktur einer Industriegesellschaft
Die soziale Mobilität als ein permanenter gesellschaftlicher Prozeß

Gesellschaftsstatus — Positionsstatus — sozialer Aufstieg und Abstieg — vertikale Mobilität — soziale Mobilität — soziale Ungleichheit — Mittelstandsgesellschaft — Intra-Generations-Mobilität — Inter-Generations-Mobilität — Berufsstruktur — Sozialprestige — sozialer Wandel

---

3.2. Erwerbsbevölkerung

3.2.1. Verhältnis von generativer Bevölkerungsstruktur und Erwerbsbevölkerung

Die Erwerbsstruktur wird durch den generativen Aufbau der Bevölkerung beeinflußt. Die Alters- und Geschlechtsstruktur in Verbindung mit der Fruchtbarkeits- und Sterblichkeitsrate geben einen Hinweis auf die Erwerbsquote (= Erwerbspersonen in % der Gesamtbevölkerung). Ausgehend von der Tatsache, daß die Spanne der Erwerbstätigkeit in der Regel vom 15. bis zum 65. Lebensjahr reicht, gibt uns die Bevölkerungspyramide bereits einen wichtigen Hinweis auf das regionale Arbeitspotential. Das Arbeitspotential umfaßt dabei sowohl die erwerbstätigen als auch die arbeitslosen Erwerbspersonen.

Für ein ausgewogenes Arbeitspotential ist eine „gesunde Bevölkerungspyramide" von Bedeutung. Sie erlaubt einen kontinuierlichen Eintritt der jungen Leute in das Erwerbsleben, die Sozialversicherungsbelastung der im Erwerbsleben stehenden Bevölkerung ist durch die hohe Zahl der Erwerbstätigen und die wesentlich geringere Zahl der Rentenempfänger relativ niedrig. Eine geburtenschwache Bevölkerungspyramide (geringer Anteil der 0- bis 15jährigen) hat dagegen eine Generation (ca. 30 Jahre) später ein vermindertes Arbeitspotential bei einem relativ hohen Rentneranteil zur Folge.

Ähnlich negative Einflüsse auf das zahlenmäßige Arbeitspotential haben eine verlängerte Ausbildungszeit, die zu einem Rückgang der altersspezifischen Erwerbsquoten der 15- bis 25jährigen führt, und die Frühinvalidität, die zum frühzeitigen Ausscheiden der 50- bis 65jährigen aus dem Arbeitsprozeß führt. Ein wichtiges Regulativ des Arbeitspotentials ist auch die Frauenerwerbsquote, die in hohem Maße abhängig ist von gesellschaftlichen Vorstellungen, Familienstand und Kinderzahl und nicht zuletzt vom geeigneten Arbeitsplatzangebot.

Besonders die starke Veränderung der Bevölkerungsweise während des Industrialisierungsprozesses hat gezeigt, daß das generative Verhalten seinerseits von sozialen und ökonomischen Faktoren mitbestimmt wird. Ähnliche Abhängigkeitsrelationen zeigen sich zwischen Erwerbsverhalten und den sich wandelnden Bedürfnissen der Wirtschaft und Gesellschaft, z. B. dem Erfordernis einer akademischen Ausbildung mit der Folge eines späteren Eintritts in das Erwerbsleben. So lassen sich als Ergebnis wechselseitige Beeinflussungen von generativem Verhalten, Erwerbsverhalten und ökonomisch-gesellschaftlicher Entwicklung feststellen.

3.2.2. Hängt die wirtschaftliche Entwicklung von der Bevölkerungszahl ab?

Die überkommene Vorstellung, daß eine hohe Bevölkerungszahl ein bedeutendes Arbeitspotential bildet und damit die besten Voraussetzungen für wirtschaftliche Aktivitäten darstellt, ist vorherrschend. Oft spielen dabei auch unklare Vorstellungen von der Macht oder Stärke eines Stammes oder eines Volkes, die sich ja in der Bevölkerungszahl widerspiegeln sollen, eine Rolle. Man warnt einerseits vor der „gelben Gefahr", den Bevölkerungsmassen Chinas, und wundert sich gleichzeitig, daß eine solch volkreiche Nation wie Indien bisher in ihrer wirtschaftlichen Entwicklung zurückblieb.

Die wirtschaftliche Grundtatsache, daß Bevölkerung und Bevölkerungsentwicklung einen Einfluß auf das Volkseinkommen haben, dokumentiert sich in der Stellung der Bevölkerung als Arbeitskraftpotential auf der Angebotsseite und als Güter- und Dienstleistungsnehmer auf der Nachfrageseite. Mit der Zunahme der Bevölkerung entwickeln sich Arbeitskräftepotential und Güternachfrage der Volkswirtschaft.

Dennoch muß neben der rein quantitativen Betrachtung auch gesehen werden, daß bei starkem Geburtenüberschuß die jungen Jahrgänge erst mit einer Zeitverzögerung („time-lag") von ca. 15 Jahren in das Erwerbsleben eintreten. Umgekehrt ist es für die Betrachtung der Bevölkerung als Güternachfragende von Bedeutung, konsumstarke und konsumschwache Bevölkerungsgruppen zu unterscheiden.

Die herrschende wirtschaftswissenschaftliche Lehrmeinung vertritt die These, daß Bevölkerungswachstum zu einem wirtschaftlichen Wachstum führt. Als Beispiele werden hier gerne aufgeführt:

● Die rapide Bevölkerungsentwicklung des 19. Jahrhunderts gehört zu den Vorbedingungen der industriellen Revolution.

● Das „deutsche Wirtschaftswunder" nach dem 2. Weltkrieg wird durch den Zuzug großer Bevölkerungsmassen aus den östlichen Teilen Mitteleuropas maßgebend beeinflußt.

Freilich müssen neben der steigenden Bevölkerungszahl eine Reihe von anderen Prämissen für das wirtschaftliche Wachstum erfüllt sein, z. B. Bereitstellung von Kapital für Investitionen und Entwicklung der Infrastruktur. Da diese Vorbedingungen bei den Industrieländern weitgehend gegeben sind, wird vielfach auch hervorgehoben, daß die positive Rolle der Bevölkerungsentwicklung vorrangig unter den Vorzeichen des Industrialisierungsprozesses zu sehen ist.

Fehlen die Formen unternehmerischer Initiative und Investitionsbereitschaft, dann ist die Gefahr sehr groß, daß eine sich stetig vergrößernde Bevölkerungszahl zu einem verringerten Pro-Kopf-Einkommen führt. Da ohne gesteigerte Investitionsbereitschaft die Basis für das erwirtschaftete Sozialprodukt zu gering wird, übertrifft die Wachstumsrate der Bevölkerung diejenige des Sozialprodukts, d. h. das Pro-Kopf-Einkommen der Bevölkerung verringert sich. Unter diesem Vorzeichen steht die These, daß hohe Bevölkerungszuwachsraten zum sichtbaren Ausdruck einer fortschreitenden Unterentwicklung werden. Man geht sogar soweit, das starke Bevölkerungswachstum als wichtigste Ursache der Unterentwicklung mancher Länder zu interpretieren.

Ohne einen Anstoß zum ökonomischen Aufbruch („Take-off" nach W. Rostow), der entweder aus der Gesellschaft heraus kommt oder von außen her erfolgt, verbleibt eine Gesellschaft trotz steigender Bevölkerungszahl im Stadium der Sorge um das Existenzminimum.

3.2.3. Schulische und berufliche Ausbildung wirken auf die Erwerbsbevölkerung

Das regional verfügbare Arbeitspotential wird in seinem Umfang und seiner Struktur von der Größe und Zusammensetzung der in der Region wohnenden Bevölkerung (zusätzlich eventuelle Pendler) bestimmt. Neben dem quantitativen Aspekt des Arbeitskraftangebots wird aber auch die qualitative Struktur der Erwerbsbevölkerung immer bedeutender. Dieser Aspekt tritt am Arbeitsmarkt insbesondere durch die Bildungsqualifikation und die Berufsausbildung der Erwerbspersonen in Erscheinung.

Je höher die Wirtschaft eines Landes entwickelt ist, desto speziellere Anforderungen an die Erwerbsbevölkerung werden gestellt. Mit der schulischen und akademischen Ausbildung und mit der beruflichen Ausbildung (Lehre, Lehrgänge, Kurse etc.) wird das wissenschaftliche und technische Grundwissen für den späteren gutdotierten Arbeitsplatz erworben.

Vom ökonomischen Standpunkt aus ist es von Bedeutung, wann die durch die schulische und berufliche Ausbildung verspätet in das Erwerbsleben eintretenden Personen tatsächlich für den ökonomisch-technischen Produktionsprozeß zur Verfügung stehen.

Vom soziologischen Standpunkt aus ist es von Interesse, wie sich die Berufswahl gestaltet.

„Es ist eine interessante und wichtige Frage, inwieweit sich auch in der heutigen Gesellschaft Berufe noch vererben, aus welchen elterlichen Berufsgruppen und Sozialschichten sich die Angehörigen bestimmter Gruppen (insbesondere der politischen und wirtschaftlichen Eliten) rekrutieren und in welche Berufe jene hineinkommen, die infolge von Veränderungen der Wirtschaftsstruktur ihre alten Berufe aufgeben mußten. Da Berufswechsel häufig mit Auf- oder Abstiegsvorgängen, mit Wechseln des Wohnorts und dadurch bedingt der sozialen Umwelt (Nachbarschaft, Freunde usw.) verbunden sind, bringen Mobilitätsvorgänge stets eine Fülle von Problemen mit sich."

(aus K. Bolte, *Entwicklungen und Probleme der Berufsstruktur*. In: *Deutsche Gesellschaft im Wandel*. Bd. 2, S. 409)

Abb. 19: Schema zu Eintritt in das Erwerbsleben und Einkommenssituation (I ≙ Einkommenssituation einer mit 15 Jahren von der Schule entlassenen Person; II ≙ Einkommenssituation eines Hochschulabsolventen)

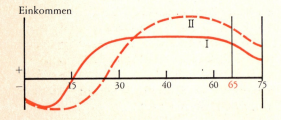

Vom bildungspolitischen Standpunkt aus, ist aus Gründen der Chancengleichheit darauf zu achten, daß eine regional einigermaßen gleichmäßige Verteilung des Bildungsangebots herrscht. Dahinter verbirgt sich die Erfahrung, daß eine regional ungleichmäßige Verteilung des Bildungsangebots erhebliche regionale Unterschiede der Bildungsqualifikation des Arbeitspotentials ergeben. Diese Ungleichgewichte werden dann für die relative Entwicklung eines Arbeitsmarktes von Bedeutung und tragen zu einer verringerten Wachstumschance der bildungspolitisch vernachlässigten Regionen bei. Freilich spielen neben dem bildungspolitischen Aspekt für das Angebot an Bildungsmöglichkeiten auch ökonomisch-technische, finanzielle und historische Faktoren sowie die räumliche Verteilung der Bevölkerung eine Rolle.

Vom sozialgeographischen Standpunkt sind in diesem Zusammenhang insbesondere folgende Fragestellungen aufgeworfen worden (vgl. R. Geipel, *Der Beitrag der Sozialgeographie zur regionalen Bildungsforschung*. In: *Beiträge zur Regionalen Bildungsplanung*. Veröff. d. Akad. f. Raumforsch. und Landespl., Forsch.- und Sitz.ber., Bd. 60, 1969, S. 1–16):

● Welches Bildungs-, Wirtschafts- und Aufstiegsverhalten ist in einem bestimmten Raum bereits seit längerem nachweisbar?

Geipel verweist auf das risikofreudige, dynamische Wirtschaftsverhalten der Weinbauern und anderer Spezialkulturen betreibender Landwirte, das sich auch in einem gegenüber der anderen ländlichen Bevölkerung wesentlich gesteigerten Bildungsverhalten ausdrückt.

Andererseits zeigt es sich beispielsweise, daß die übrige Landwirtschaft, der Kleinhandel und das Kleingewerbe gerne die Kinder als billige Arbeitskräfte einstuft und kein Interesse an einer höheren, mobilitätsfördernden Ausbildungsqualifikation besteht.

● Welche „Begabungsabschöpfungen" durch Abwanderung aus einem bestimmten Gebiet haben bereits stattgefunden?

Infolge unzureichender wirtschaftlicher Entwicklung eines Gebietes wandert die mobile, bildungsbereite Bevölkerung ab. Diese selektive Wanderung schwächt in der Zukunft das Entwicklungspotential des Abwanderungsgebietes und führt zu einem gesteigerten, sozial gehobenen Angebot an den Arbeitsmärkten im Ballungsraum.

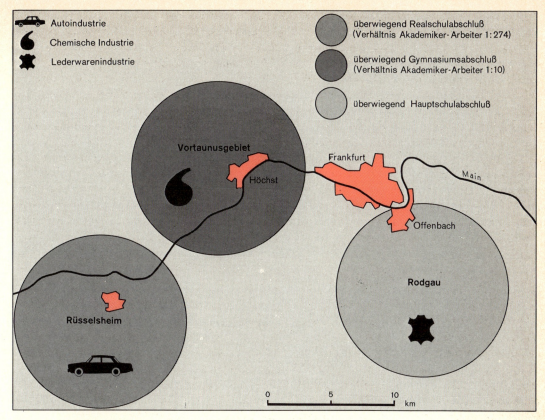

Abb. 20: Bildungsverhalten im Rhein-Main-Gebiet (nach Geipel)

● Wie beeinflussen vorhandene Industriestrukturen das Bildungsverhalten und wie kann umgekehrt eine vorhandene „Bildungsmentalität" Einflüsse auf Standortentscheidungen der Industrie nehmen?

Geipel führt hier das Beispiel der Rhein-Main-Region an, die je nach vorherrschender Erwerbsstruktur der Bevölkerung ein unterschiedliches Bildungsverhalten zeigt.

Der Rodgau bei Offenbach ist in seiner Erwerbsstruktur gekennzeichnet durch Handwerker und Unternehmer des Lederwarengewerbes. Mit viel Fleiß hat sich die heute in der Lederwarenindustrie tätige Bevölkerung von ehemaligen Landwirten und Heimarbeitern zu selbständigen Kleinunternehmern und Facharbeitern hochgedient. Die höhere Schulbildung wird als überflüssig oder als „Luxus für reiche Leute" erachtet. Die Region des Vortaunusgebietes dagegen ist charakterisiert durch die Wohnsitze zahlreicher Akademiker, die bei den Chemiewerken Höchst AG und anderen forschungsintensiven Industrieunternehmen arbeiten. Die Kinder der Akademiker besuchen die weiterführenden Schulen; die Kinder der Arbeiter sind – angeleitet von diesem Vorbild – bestrebt, sich durch den Besuch der Höheren Schule ebenfalls bessere berufliche Chancen zu sichern.

Wiederum anders ist das Bildungsverhalten im Raum Rüsselsheim. Der hohe Anteil der Arbeiter und die Prestigestellung des Werkmeisters in den Opelwerken führen zu einem erhöhten Besuch der Realschule, deren Abschluß die Startchance für eine solide berufliche Ausbildung zum Werkmeister bietet.

R. Geipel (1969) weist ferner darauf hin, daß besonders die Bevölkerung verstädterter Gebiete mit hoher Bevölkerungsdichte und einem hohen Anteil von Akademikern, Beamten und Angestellten zu einem stärkeren Bildungsstreben neigt (vgl. zu diesem Problem *Beiträge zur regionalen Bildungsplanung. Veröff. d. Akad. f. Raumforschung und Landesplanung. Forschungs- und Sitzungsbericht,* Bd. 60, 1969).

3.2.4. Die Erwerbsbeteiligung in Staaten unterschiedlicher wirtschaftlicher Entwicklung

Die These, daß hohe Bevölkerungswachstumsraten und wirtschaftliches Wachstum in einem Zusammenhang stehen, wurde bereits im Kapitel 3.2.2. diskutiert. Simon Kuznets (1966) entwickelte, durch empirische Befunde angeleitet, seine Theorie von der „Demo-Ökonomik":

Das moderne Wachstum demographischer und ökonomischer Art wird begründet durch zahlreiche Innovationen im wissenschaftlichen und technischen Bereich. Die neu gewonnenen Erkenntnisse finden Anwendung bei der wirtschaftlichen Produktion. Es kommt zur industriellen Revolution, die im demographischen Bereich zu einem raschen Bevölkerungsanstieg und zur städtischen Konzentration der Bevölkerung führt und im ökonomischen Bereich Wachstum der Arbeitsproduktivität im Zusammenhang mit Kapitalinvestitionen bedeutet. Zum Kennzeichen eines wirtschaftlichen Entwicklungsprozesses wird dabei der Wandel der Beschäftigungsstruktur.

Hierfür sind ganz sicher mehrere Faktoren verantwortlich, z. B.

● die Sozialgesetzgebung und mit ihr die gesamte Wirtschaftsordnung

● die Möglichkeit und die Bereitschaft zur Kapitalinvestition

● der technische Fortschritt und die Verkehrsentwicklung

● die traditionellen oder kulturspezifischen Verhaltensweisen

● das Angebot an Ausbildungsmöglichkeiten

Die zur Zeit grundlegende Differenzierung der Erwerbsbeteiligung in Industriestaaten und in Entwicklungsländern ist jedoch in der unterschiedlichen Altersstruktur der Bevölkerung mitbegründet. So führte z. B. das Sinken der Geburtenziffer in den hochindustrialisierten Staaten dazu, daß sich die Altersgruppen zugunsten der produktiven Altersstruktur verschob und die Frauen in größerem Umfang erwerbstätig wurden. Die hohen Geburtenraten in den Entwicklungsländern verhindern im jetzigen Stadium noch diesen Effekt.

Altersstruktur der Bevölkerung 1950, 1970 und 1980 in Entwicklungs- und Industrieländern (in %) (nach International Labour Office, Yearbook of Labour Statistics 1970. S. 11/12)

Alters- gruppe	Entwicklungs- länder			Industrie- länder		
	1950	1970	1980	1950	1970	1980
0–14	38,0	40,6	39,7	28,0	27,1	25,9
15–19	10,1	10,2	10,2	8,5	8,6	8,1
20–24	9,0	8,4	9,0	8,7	8,1	8,1
25–44	26,5	24,3	24,2	27,9	26,9	27,0
45–54	8,1	7,8	7,7	11,3	10,5	11,5
55–64	5,0	5,2	5,2	8,1	9,4	8,6
über 65	3,4	3,6	3,9	7,5	9,5	10,6

Als Entwicklungsländer werden in oben aufgeführter Statistik Afrika (ohne Südafrika), Lateinamerika (ohne südamerikanische Länder der gemäßigten Zone) und Asien (ohne Japan) bezeichnet.

Die unterschiedliche Ausgangsposition der Altersstruktur führte dazu, daß die Erwerbsquote (= Erwerbstätige in % der Gesamtbevölkerung) in den Entwicklungsländern niedriger (1970: 40,7 %) ist als in den Industrieländern (1970: 44,8 %). Auch die höhere altersspezifische Erwerbsquote der über 45jährigen in den Entwicklungsländern kann das „Manko der hohen Zahl von unter 15jährigen" nicht ausgleichen.

Die altersspezifische Erwerbsquote in Industrie- und Entwicklungsländern 1950, 1970 und 1980 (nach International Labour Office, Year Book of Labour Statistics 1970. S. 11/12)

Alters- gruppe	Entwicklungs- länder			Industrie- länder		
	1950	1970	1980	1950	1970	1980
0–14	6,0	4,0	2,9	2,1	1,1	0,7
15–19	61,6	54,9	50,9	62,2	50,4	45,8
20–24	72,7	69,8	68,5	74,0	73,8	73,0
25–44	75,2	73,1	72,9	68,0	73,6	74,1
45–54	73,1	71,3	70,4	65,7	69,8	71,8
55–64	63,5	60,2	58,9	55,3	56,1	55,6
über 65	36,7	32,8	29,7	25,7	19,9	17,9
alle Alters- gruppen	45,3	40,7	39,9	45,1	44,8	44,9

Neben altersspezifischen Unterschieden ist es aber auch die unterschiedliche wirtschaftliche Struktur, die sich in der Erwerbsquote von Industrie- und Entwicklungsländern äußert. In den Industrieländern ist seit ca. 1900 der Rückgang der in der Landwirtschaft Tätigen von entscheidender Bedeutung, der Anteil der Industrie-

Umstrukturierung der Erwerbsbevölkerung in den USA, 1961–1970 (in 1000)

	Total	White collar workers	Blue collar workers	Service	Farm laborers [1]
1961	65 746	28 888 (= 44,1 %)	23 683 (= 36,1 %)	8261 (= 12,6 %)	2400 (= 3,7 %)
1964	69 315	30 861 (= 44,6 %)	25 339 (= 36,5 %)	8893 (= 12,7 %)	1967 (= 2,8 %)
1967	74 312	34 232 (= 46,1 %)	27 261 (= 36,8 %)	9325 (= 12,6 %)	1575 (= 2,1 %)
1970	78 627	37 997 (= 48,4 %)	27 791 (= 35,4 %)	9712 (= 12,4 %)	1373 (= 1,8 %)

beschäftigten wuchs demgegenüber; in jüngerer Zeit wird die starke Zunahme von Erwerbstätigen im Dienstleistungsbereich wichtig, wogegen die Wachstumsraten der Industriebeschäftigten rückgängig sind.

Charakteristisch für die USA, einem hochindustrialisierten Staat, ist der Rückgang der landwirtschaftlichen Arbeitskräfte auf eine minimale Größenordnung, während besonders der „white collar job" eine steigende Attraktivität erlangt[1]. Der zeitliche Entwicklungsprozeß der Erwerbstätigenstruktur spiegelt sich heute bei einer Phasenverschiebung in der wirtschaftlichen Entwicklung als ein regionales Nebeneinander verschiedener Stadien wider: Industriestaaten weisen geringe Erwerbstätigenzahlen in der Landwirtschaft auf, Entwicklungsländer dagegen in der Regel relativ hohe Zahlen.

Erwerbstätigenstruktur (Jahr 1970) – Anteil der Erwerbspersonen in den Wirtschaftsbereichen (in %) (nach Berechnungen und Schätzungen der UN)

	Primärer Sektor	Sekundärer Sektor	Tertiärer Sektor
Nordamerika	6	34	60
Australien/Ozeanien	20	33	47
Europa	22	38	40
Sowjetunion	30	48	22
Lateinamerika	45	21	34
Asien (ohne UdSSR)	63	13	24
Afrika	74	10	16

Gerade die Erwerbstätigenstruktur spiegelt damit anschaulich den Übergang von Agrargesellschaften zur hochindustrialisierten Gesellschaft wider, die durch einen zunehmenden Anteil im Dienstleistungsbereich sich allmählich zur Dienstleistungsgesellschaft wandelt.

Jean Fourastié hat in seinem Werk „*Die große Hoffnung des 20. Jahrhunderts*" auf dieses Phänomen hingewiesen. Er unterscheidet drei Produktionssektoren der Wirtschaft:

● primärer Sektor: Land- und Forstwirtschaft, Fischerei und Bergbau; technische Fortschritte führen zu einer Verringerung der in diesem Bereich tätigen Erwerbspersonen;

● sekundärer Sektor: Industrie und warenproduzierendes Gewerbe; während des Industrialisierungsprozesses steigt der Beschäftigtenanteil in diesem Bereich stark an; in hochentwickelten Gesellschaften führt der schnelle technische Fortschritt (Automatisation) zu einer Freisetzung von industriellen Arbeitskräften;

● tertiärer Sektor: Handel, Verwaltung, Verkehr, öffentliche und private Dienstleistungen aller Art; dieser Bereich erfordert nach Fourastié

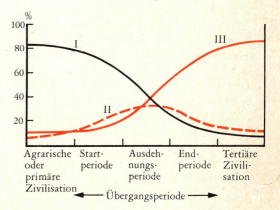

Abb. 21: Entwicklung der Wirtschaftsbereiche nach Fourastié (I = primärer Sektor, II = sekundärer Sektor, III = tertiärer Sektor)

[1] Die amerikanischen Bezeichnungen „white collar workers", „blue collar workers", „service", „farm laborers" sind nicht den gebräuchlichen Bezeichnungen Landwirtschaft-, Industrie- und Dienstleistungsbeschäftige gleichzusetzen.

einen hohen persönlichen Einsatz, der durch den technischen Fortschritt nur sehr bedingt ersetzt werden kann; hochentwickelte Gesellschaften („Dienstleistungsgesellschaft", „tertiäre Zivilisation") werden daher einen ständig steigenden Bedarf an Dienstleistungsbeschäftigten haben.

Fourastié sieht einen Sättigungsgrad, wenn ca. 80 %der Erwerbstätigen im Tertiärbereich beschäftigt sind.

Erwerbspersonen nach Wirtschaftsbereichen im Deutschen Reich bzw. in der Bundesrepublik Deutschland (in %) (nach Stat. Jahrbuch für das Deutsche Reich 1941/42, Stat. Jahrbuch für die Bundesrepublik Deutschland 1971)

	Primärer Sektor	Sekundärer Sektor	Tertiärer Sektor
Deutsches Reich			
1882	44,3	34,5	21,2
1925	30,3	42,3	27,4
1939	25,0	40,8	34,2
Bundesrepublik Deutschland			
1960	13,8	47,7	38,5
1971	8,3	48,3	43,4
1980 (Prognose)	6,0	47,0	47,0

→ *Atlas*

3.2.5. Die Erwerbsbeteiligung in der Bundesrepublik Deutschland

Überträgt man die Erkenntnisse Fourastiés auf ein Gebiet wie die Bundesrepublik Deutschland, so lassen sich auch innerhalb eines vergleichsweise wirtschaftlich hochentwickelten Staates Teilräume mit völlig verschiedenen Erwerbsbeteiligungsquoten innerhalb der drei Wirtschaftssektoren feststellen.

Üblicherweise wird die Erwerbsbeteiligung in einem „Strukturdreieck" festgehalten, das über eine Karte die räumliche schwerpunktmäßige Verteilung der einzelnen Wirtschaftssektoren widerspiegelt.

In der Bundesrepublik Deutschland bestehen große regionale Unterschiede in der Erwerbsstruktur. Dabei besitzen die in den Verdichtungs-

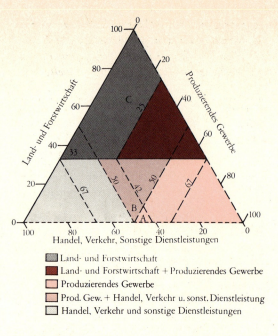

Abb. 22: Beispiel eines Strukturdreiecks für die Erwerbsbeteiligung (nach ‚Die Bundesrepublik Deutschland in Karten')

räumen liegenden Kreise eine wesentlich „entwickeltere Erwerbsstruktur" als die peripheren, oft ländlich bestimmten Kreise.

Zur Entwicklung und zur regionalen Streuung in der Bundesrepublik Deutschland stellt der *Raumordnungsbericht 1972* der Bundesregierung fest:

„Die Bevölkerung im Bundesgebiet nahm von 1961 bis 1970 um 8 % zu. Dagegen hat sich der Anteil der Erwerbstätigen an der Wohnbevölkerung von 47,6 % (1961) auf 43,7 % (1970) vermindert. Der Rückgang wäre ohne den Zustrom der ausländischen Arbeitskräfte noch viel stärker gewesen. Diese Veränderung ist z. T. durch den sinkenden Anteil der Bevölkerung im erwerbsfähigen Alter bedingt.

Ferner besuchen mehr junge Leute allgemeinbildende und berufsbildende Schulen sowie Hochschulen als neun Jahre zuvor. Hinzu kommt, daß die Ausbildungszeiten länger geworden sind. Außerdem ist, teilweise durch den starken Rückgang der Erwerbspersonen in der Land- und Forstwirtschaft, eine geringere Erwerbsbeteiligung der älteren Leute eingetreten.

In regionaler Hinsicht hat sich die Zahl der Erwerbstätigen unterschiedlich entwickelt: Sie ist ein Spiegelbild des regional unterschiedlichen

Angebots an Arbeitsplätzen. Insbesondere die in Verdichtungsräumen gelegenen Landkreise weisen einen hohen Erwerbstätigenzuwachs auf. Einige Beispiele zeigt die folgende Tabelle:

Verdichtungsraum	Landkreis	Zuwachs an Erwerbstätigen 1961–1970 (in %)
Rhein-Ruhr	Köln-Land	21
	Rhein-Wupper-Kreis	17
	Düsseldorf-Mettmann	14
Rhein-Main	Offenbach-Land	28
	Obertaunuskreis	16
Rhein-Neckar	Mannheim-Land	12
	Heidelberg-Land	14
Stuttgart	Böblingen	27
	Leonberg	21
	Esslingen	17
	Ludwigsburg	11
München	München-Land	33

Die außerordentlich hohen Zunahmen an Erwerbstätigen mit Wohnort in diesen Landkreisen verdeutlichen die bereits bei der Bevölkerungsentwicklung aufgezeigten Tendenzen. Daraus erklärt sich zum großen Teil, daß in zahlreichen großen Städten trotz des Zustroms ausländischer Arbeitskräfte die Zahl der erwerbstätigen Einwohner zurückgegangen ist, z. B. in Hamburg um 8 %, in Hannover um 14 % in Stuttgart um 6 %, in Heidelberg um 9 % und in Frankfurt um 4 %.
Ein Rückgang oder eine Stagnation der Zahl der Erwerbstätigen ist ebenfalls in den ländlichen Räumen nachzuweisen, in denen nach wie vor eine erhebliche Zahl von Arbeitskräften aus dem landwirtschaftlichen Produktionsprozeß ausscheidet. Zu diesen Gebieten zählen die Lüneburger Heide (Lüchow-Dannenberg: — 14 %; Uelzen: — 9 %), die Eifel (Bitburg-Prüm: — 18 %; Bernkastel-Wittlich: — 18 %) und der Bayerische Wald (Waldmünchen: — 10 %; Viechtach: — 2,4 %)."

(a. a. O., S. 45/46)

→ *Atlas*

Die generelle Feststellung, daß die Erwerbsquote bei der männlichen Bevölkerung wesentlich höher ist als bei der weiblichen Bevölkerung, trifft auch für die Bundesrepublik Deutschland zu.

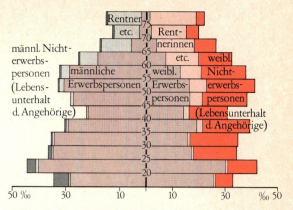

Abb. 23: Wohnbevölkerung der Bundesrepublik Deutschland (ohne Berlin) nach dem überwiegenden Lebensunterhalt und Altersgruppen 1970 (nach ‚Die Bundesrepublik Deutschland in Karten')

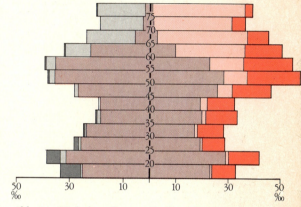

Abb. 24: Wohnbevölkerung Berlins (West) nach Lebensunterhalt und Altersgruppen 1970 (nach ‚Die Bundesrepublik Deutschland in Karten')

Von grundsätzlicher Bedeutung ist das Ergebnis, daß Kinderzahl und Familienverhältnisse nicht allein entscheidend sind für den Anteil der weiblichen Erwerbspersonen an der Gesamtzahl der Erwerbstätigen. Andere Faktoren treten hinzu; insbesondere wird die weibliche Erwerbstätigkeit begünstigt bei

● geringen Verdienstmöglichkeiten des Ehemanns in der ansässigen Industrie

● vielseitigem Arbeitsplatzangebot in der Industrie und im Dienstleistungsbereich (vgl. Württemberg)

● Industriebranchen wie Textil und Porzellan mit hohem weiblichen Arbeitskräftebedarf (vgl. Nordostbayern und Ruhr-Revier)

● Stellenangeboten innerhalb von Fremdenverkehrsgebieten (vgl. Alpenvorland)

43

3.2.6. Die Mobilität der Arbeitskraft und interregionale Wachstumsunterschiede

Räume mit attraktiven, vielseitigen Stellenangeboten werden in der Regel zu Regionen mit positiver Wanderungsbilanz. Lassen sich Wanderungsbewegungen über längere Zeit feststellen, so ist damit gleichzeitig eine Tendenz zunehmender Entwicklungsunterschiede im regionalen Wachstumsprozeß von Zuwanderungs- und Abwanderungsgebieten gegeben. Diese Entwicklungsunterschiede rufen ihrerseits wieder verstärkte Ungleichgewichte der interregionalen Wanderungen von Arbeitskräften hervor.

Das arbeitsorientierte Wanderungsmotiv ist im Rahmen der interregionalen Bevölkerungsbewegung als sehr wichtig einzustufen. Deshalb ist es auch notwendig, sich des Einflusses der Arbeitsmobilität auf die Sozialstruktur einer Region bewußt zu werden.

Es wird gerade für die Beurteilung der wirtschaftlichen Entfaltungsmöglichkeiten von Bedeutung, wie sich mit der Wanderung der Arbeitskräfte auch die demographischen Daten nach Alter, Geschlecht, Erwerbspersonen oder natürlicher Bevölkerungsentwicklung verändern. Auch das Verhältnis Erwerbspersonen zu Nichterwerbspersonen (Kinder, Schüler und Studenten, nicht erwerbstätige Frauen, Rentner etc.) in der Bevölkerung ist für das Wachstum einer Region von Bedeutung. Als Regelfall kann man ansehen, daß die Arbeitsmobilität für die Abwanderungsregionen eine ungünstige Relation von Erwerbs- zu Nichterwerbspersonen schafft und damit in diesem Gebiet zu einer Verringerung des Sozialprodukts je Kopf der Bevölkerung führt. Entsprechend umgekehrt erwirtschaften die Ballungsräume durch die Zuwanderung der Erwerbsbevölkerung aufgrund des vielseitigen Arbeitsplatzangebots ein wesentlich höheres Sozialprodukt pro Kopf der Bevölkerung.

→ *Atlas*

Die Selektionswirkung der Arbeitsmobilität schafft aber auch einen wichtigen qualitativen Aspekt der Veränderung des regionalen Arbeitspotentials. So wird immer wieder darauf verwiesen, daß Begabung, Leistungsmotivation und erwerbsaktives Verhalten sowie Anpassungsfähigkeit und Aufgeschlossenheit die mobile Bevölkerung auszeichnen. Gerade auch durch solch wichtige soziologische Komponenten wie Loslösung aus sozialen Bindungen, Abstreifen von traditionellen Verhaltensweisen und Veränderungen der sozialen Schichtung fördert die Arbeitsmobilität das wirtschaftliche Wachstum von Zuwanderungsregionen, während Abwanderungsregionen oft durch beharrende Sozialstrukturen in der Entwicklungsfähigkeit beeinträchtigt werden.

Die mit der Wanderung der Erwerbsbevölkerung einhergehenden Begleitumstände kumulieren damit die Wachstumsunterschiede von Zuwander- und Abwandergebieten. Die von wirtschaftswissenschaftlicher Seite betonte Ausgleichsfunktion des Lohnniveaus gilt offensichtlich nur für enge regionale Arbeitsmärkte. Mangelnde Information, soziale Beharrungselemente und außerökonomische Wanderungsmotive führen dazu, daß lohnorientierte Wanderungen nicht zu einem räumlichen Bevölkerungsausgleich führen. Häufig ist auch festzustellen, daß gewisse Berufsgruppen aufgrund einer extremen Mangelsituation in einem Verdichtungsraum wesentlich über dem Bundesdurchschnitt liegende Löhne und Gehälter empfangen, während andere Berufsgruppen im gleichen Raum unterdurchschnittlich bezahlt werden.

„Die rasante wirtschaftliche Entwicklung im Münchner Raum führte vor allem dazu, daß Hilfs- und Facharbeiter Mangelware sind. Sie erzielen besonders hohe Löhne ... Dabei gehören die Stundenlöhne in Gesamtbayern an sich noch zu den niedrigsten in der Bundesrepublik.

Weit über dem Durchschnitt liegen auch die Einkommen der Top-Manager im Gebiet München. Ganz anders sieht es dagegen im Mittel-Management bei den akademischen Startpositionen aus. Hier wirkt sich die Anziehungskraft Münchens aus: Das überhöhte Angebot an Akademikern drückt die Gehälter ...

Bei den Anfangsgehältern für Volks- und Betriebswirte in der Wirtschaft ist ein regelrechtes Nord-Süd-Gefälle festzustellen. So werden in München zur Zeit für die erste Stelle nach dem Studium durchschnittlich 1700 Mark bezahlt, in Stuttgart und Nürnberg 1750 Mark, in Frankfurt und Düsseldorf rund 1990 Mark. Wer sich in Dortmund, Essen oder Hamburg niederläßt, kann dagegen seine Laufbahn mit 1900 bis 2100 Mark starten.

Doch die Unternehmen in der Provinz geben sich im Kampf um Fachkräfte und vor allem Führungskräfte nicht geschlagen. Die Anziehungskraft bestimmter Großstädte suchen sie durch Treueprämien wettzumachen. Manager stehen damit oft vor der eigenartigen Alternative: viel Geld oder viel Kultur ..."
(aus „Die Zeit" vom 7. 1. 1972, S. 22)

Weiterführende Literatur

1. H.-J. Bodenhöfer, *Arbeitsmobilität und regionales Wachstum. Ein Beitrag zur Strukturanalyse von Wachstumsprozessen.* Volkswirtschaftliche Schriften, Heft 137, Berlin 1969.
2. J. Fourastié, *Die große Hoffnung des 20. Jahrhunderts.* Köln 1954.
3. *Beiträge zur regionalen Bildungsplanung.* Veröff. d. Akad. f. Raumforschung und Landesplanung. Forschungs- und Sitzungsbericht, Bd. 60, 1969.
4. J. Kraft, *Die Entwicklung des tertiären Sektors zwischen 1950 und 1961 und der Agglomerationsprozeß.* Beiträge zur Empirie und Theorie der Regionalforschung. IFO-Institut für Wirtschaftsforschung, Heft 5/1967.
5. S. Kuznets, *Modern Economic Growth, Rate, Structure and Spread.* New Haven — London 1966.
6. D. Schröder, *Strukturwandel, Standortwahl und regionales Wachstum. Bestimmungsgründe der regionalen Wachstumsunterschiede der Beschäftigung und Bevölkerung in der Bundesrepublik Deutschland, 1950 bis 1980.* Beiträge zur angewandten Wirtschaftsforschung, Heft 3, Stuttgart 1968.
7. K. Schwarz, *Meßzahlen zur Beurteilung der räumlichen Verteilung der Bevölkerung im Bundesgebiet,* in: *Wirtschaft und Statistik* 1970.
8. K. D. Wieck, *Regionale Schwerpunkte und Schwächezonen in der Bevölkerungs-, Erwerbs- und Infrastruktur Deutschlands.* Forsch. z. dt. Landeskunde, 169/1967.

Arbeitsthemen und Referate

Die Abhängigkeit des Arbeitskraftangebots von der generativen und sozialen Bevölkerungsstruktur
Der Einfluß des Bevölkerungswachstums auf die wirtschaftliche Entwicklung eines Landes bzw. einer Region
Die Bevölkerungs- und Erwerbsstruktur in ausgewählten Regionen der Bundesrepublik Deutschland (z. B. Verdichtungsraum und Zonenrandgebiet)
Bildungsverhalten und Mobilität in ausgewählten Regionen der Bundesrepublik Deutschland
Der Weg in die tertiäre Zivilisation — ein historischer Vorgang im räumlichen Nebeneinander

Erwerbsbevölkerung — Sozialprodukt — Unterentwicklung — Existenzminimum — Bildungsqualifikation — Bildungsverhalten — Wirtschaftsverhalten — Beschäftigungsstruktur — Wirtschaftssektoren (primärer, sekundärer, tertiärer Sektor) — Dienstleistungsgesellschaft — tertiäre Zivilisation — Strukturdreieck — Abeitsmobilität

3.2.7. Das Problem der Gastarbeiter

3.2.7.1. Die Gastarbeiterwanderungen

Das starke Wirtschaftswachstum vieler westlicher Industrieländer erfordert einen steigenden Arbeitskräftebedarf. Der weitgehend mit einheimischen Kräften besetzte Arbeitsmarkt bietet vielfach kein Arbeitspotential mehr, so daß seit circa 1960 gerade auch in den westeuropäischen Staaten die Nachfrage nach Arbeitskräften aus weniger entwickelten Ländern bzw. Regionen immer stärker wurde. Die „Gastarbeiterbewegung", der Wanderungsstrom von Arbeitskräften aus süd- und südosteuropäischen sowie aus nordafrikanischen Staaten nach West- und Mitteleuropa, hat mit einigen Schwankungen bis heute eine immer stärker ansteigende Intensität.

Der Wanderungsstrom der Gastarbeiter ist seinem Wesen nach ein Teil der seit Beginn der In-

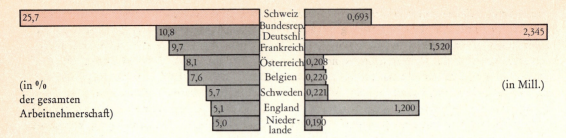

Abb. 25: Ausländische Arbeitnehmer in europäischen Industriestaaten 1973 (nach ‚Die Zeit')

dustrialisierungsphase einsetzenden internationalen Bevölkerungsbewegungen (vgl. damit auch die Bewegung in die Einwanderungsländer USA, Kanada und Australien im 19. und 20. Jahrhundert). Diese internationalen Wanderungsbewegungen ergeben sich aus zwei Bestimmungsgründen:

● den „abweisenden Kräften" des Herkunftslandes, z. B. politische Verhältnisse, niedriges Einkommen, Arbeitslosigkeit und Unterbeschäftigung, unzureichende sozialökonomische Rahmenbedingungen;

● den „anziehenden Kräften" der Zielländer, z. B. Sicherung der eigenen Existenz, höheres Einkommen, soziale Anerkennung im Einwanderungsland, berufliche Entfaltungsmöglichkeiten usw.

Dabei darf man nicht vergessen, daß die „Wanderung der Gastarbeiter" als Wanderung von unqualifizierten Arbeitskräften nur eine Form der heutigen internationalen Arbeitskraftwanderungen darstellt; die Wanderung hochqualifizierter Arbeitskräfte (vgl. „brain drain" der sechziger Jahre in die USA, Verbleib von ausgebildeten Akademikern aus den Entwicklungsländern in den westlichen Industrieländern als Ärzte oder Ingenieure) ist eine andere Wanderungsform mit ähnlichen Wirkungen.

Für die Bundesrepublik Deutschland kompensiert der starke Zugang ausländischer Arbeitskräfte den besonders seit 1967 leichten Rückgang der deutschen Erwerbstätigen. Dieser Rückgang hat seine Ursachen vornehmlich in dem ungünstigen demographischen Aufbau der Bevölkerung und in einer geringen Erwerbsbeteiligung infolge verlängerter Ausbildungszeiten. Die Unternehmer konnten mit den ausländischen Arbeitskräften freigewordene und neugeschaffene Arbeitsplätze besetzen. Das wirtschaftliche Wachstum wurde nicht unterbrochen.

Auch in den nächsten Jahren ist — zusätzlich hervorgerufen durch kürzere Arbeitszeit, längeren Urlaub und die flexible Altersgrenze — mit einer Verringerung des inländischen Erwerbspotentials zu rechnen. Erst ab 1976/77 erwartet man infolge des Eintretens geburtenstarker Jahrgänge in das Berufsleben und infolge des Ausscheidens von Altersgruppen mit einer relativ geringen absoluten Erwerbstätigenzahl (Jahrgänge, die während des 2. Weltkriegs große Verluste erlitten und damit nur in geringem Maße zur Erwerbsbeteiligung der Gesamtbevölkerung beitragen können) ein Ansteigen des inländischen Arbeitskräftepotentials.

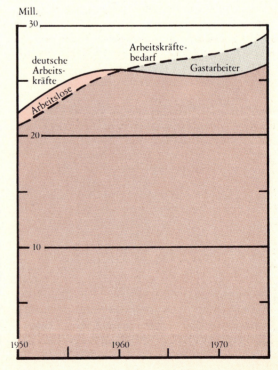

Abb. 26: Arbeitsmarkt der Bundesrepublik Deutschland

Eine wichtige Ausgleichsfunktion üben die Gastarbeiter besonders in den regional gestreuten attraktiven Wirtschaftszentren aus. Die stetige technisch-strukturelle Wandlung einer hochentwickelten Wirtschaft stellt hohe Anforderungen an die berufliche und räumliche Mobilität der Erwerbstätigen. Während deutsche Arbeitskräfte aus vielen Hemmnisfaktoren heraus (Grundbesitz, eigenes Häuschen, Verwandtschaft usw.) oft nicht zur räumlichen Mobilität bereit sind, stellen die Gastarbeiter eine hochmobile Sozialgruppe dar, die sich rasch in die Brennpunkte des Arbeitskräftebedarfs wendet.

Umgekehrt ist es auch die Gruppe der Gastarbeiter, die bei einem entspannten Arbeitsmarkt oder in Zeiten einer abgeschwächten Konjunktur wesentlich stärker auf wirtschaftliche Krisen reagiert. Die abnehmende Zahl der Gastarbeiter in der Bundesrepublik Deutschland im wirtschaftlichen Krisenjahr 1967 oder der Stopp der Gastarbeiterzuwanderung im November 1973 als Reaktion auf die „Energiekrise" sind deutliche Zeichen einer engen Verzahnung von Wirtschaftskonjunktur und Gastarbeitertätigkeit.

„... Verständnis für die Absicht des Bundesarbeitsministers, den Zustrom ausländischer Arbeitnehmer zu bremsen, bekundete die Bundesvereinigung der deutschen Arbeitgeberverbände in Köln. Angesichts der durch Mineralölkrise und konjunkturelle Entwicklungen möglichen Arbeitsmarktprobleme sei eine Eindämmung der Ausländerbeschäftigung erforderlich. Es müsse sichergestellt sein, daß nicht zusätzliche Ausländer bei den Arbeitsämtern angefordert würden, wenn das Angebot an deutschen Arbeitskräften zunehme.

Das Instrument des jetzt verfügten generellen Anwerbungsstopps könne die differenzierten Gegebenheiten des Arbeitsmarktes aber nicht ausreichend berücksichtigen, denn es erfasse auch solche Aufträge, denen ein entsprechendes Angebot an deutschen Arbeitnehmern nicht gegenüberstände ..."

(aus „Handelsblatt" vom 24. 11. 1973. „Bonn: Anwerbungsstopp für Gastarbeiter")

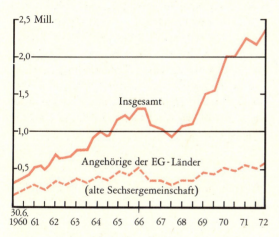

Abb. 27: *Ausländische Arbeitnehmer in der Bundesrepublik Deutschland (Stichtage 30. 6. und 31. 1.) (nach ‚Bundesanstalt für Arbeit')*

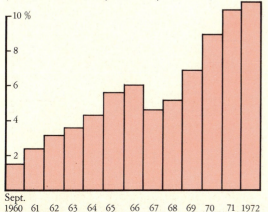

Abb. 28: *Ausländerquote der Arbeitnehmer in der Bundesrepublik Deutschland (jeweils zum September) (nach ‚Bundesanstalt für Arbeit')*

3.2.7.2. Die regionale Konzentration der Gastarbeiter

Ein wichtiges Problem der Gastarbeiter ist ihre regionale Konzentration, die sich aufgrund der hohen Mobilität dieser Sozialgruppe und der Konzentration der Wachstumsindustrien in wenigen Zentren ergibt. Die Arbeitgeber holen die ausländischen Arbeitskräfte in diese wachstumsintensiven Regionen. So konzentrierten sich Ende 1972 in Nordrhein-Westfalen 28,6 %, in Baden-Württemberg 24,1 %, in Hessen 12 % und in Südbayern 11,3 % aller Gastarbeiter. In Nordrhein-Westfalen und in Baden-Württemberg sind damit mehr als die Hälfte aller ausländischer Arbeitnehmer beschäftigt.

→ *Atlas*

Noch stärker ist die Konzentration in einigen bundesdeutschen Großstädten: im Arbeitsamtsbezirk München arbeiteten 1972 145 950 Ausländer (= 6,6 %) aller ausländischer Arbeitskräfte), in Frankfurt 112 100 (= 5,1 %) und in Stuttgart 104 800 (= 4,7 %).

„Die Zuwachsraten Münchens gingen in den letzten Jahren fast in voller Höhe auf das Konto von Ausländern, denn einer Bevölkerungszunahme von 48 000 im Jahre 1969 und von 41 000 im Jahre 1970 steht in den gleichen Jahren ein Anwachsen der Ausländerzahl um 36 000 und 40 000 gegenüber.

Das Verhältnis zwischen deutschen und ausländischen Bewohnern Münchens verschiebt sich aber auch durch die Geburtenzahlen immer mehr, denn während die deutsche Bevölkerung sich nur noch kleine Familien „leistet" und auf 1000 Einwohner 1970 noch 9,3 Lebendgeburten trafen, waren es bei den Ausländern 14,3. Jedes fünfte Kind, das in München zur Welt kommt, hat ausländische Eltern.

Wie das Münchner Stadtentwicklungsreferat bei seinen gründlichen Recherchen feststellte, ist hier bereits eine Entwicklung in Gang gekommen, wie sie aus amerikanischen Städten bekannt ist: wie dort die Neger durch den Bezug eines Hauses schließlich den Auszug der weißhäutigen Bevölkerung aus der ganzen Straße bewirken, so kommt es auch in München durch den Einzug von Jugoslawen, Italienern, Griechen, Türken, Tunesiern zu tiefgreifenden Veränderungen. Die angestammte einheimische Bevölkerung verläßt, so sie es sich nur leisten kann, das Stadtzentrum, sie zieht aus den zumeist um die Jahrhundertwende errichteten Wohnquartieren an den Stadtrand oder in die Vorstädte der Region um."

(aus *„Nürnberger Nachrichten"* vom 8./9. 1. 1972)

3.2.7.3. Die „kritische Grenze" der Ausländerbeschäftigung

Als ein wichtiges Vorzeichen eines sozialen Integrationszwangs wird die steigende durchschnittliche Aufenthaltsdauer des einzelnen Ausländers angesehen. Darüber hinaus nehmen immer mehr Ausländer ihre Familienangehörigen mit in das Gastgeberland. Gerade in den Verdichtungsräumen, in denen ohnehin ein Mangel an Schulen, Krankenhäusern, Kindergärten, Sozialwohnungen usw. besteht, konzentrieren sich viele Gastarbeiter mit ihren Familien. Die Kommunen, die bisher bereits wegen fehlender Finanzmittel kaum die mangelhafte Infrastruktur der stark expandierenden Stadtteile verbessern konnten, stehen durch die starken Zuwachsraten der Ausländerbeschäftigung vor neuen Problemen. Als bisher nicht gelöste Aufgabe erweist sich besonders die schulische Integration der Gastarbeiterkinder.

Im März 1972 gab der Bundesminister für Arbeit und Sozialordnung in einer Rede zu bedenken:

„Bei sich abschwächenden Vorteilen und steigenden Folgekosten wird schließlich ein Punkt erreicht, wo die Beschäftigung ausländischer Arbeitnehmer für eine Volkswirtschaft per Saldo keine neuen Wachstumsmöglichkeiten eröffnet."

(Rede am 13. 3. 1973 anläßlich der Konferenz *„Europe's Human Resources"* in Düsseldorf).

Seit dieser Zeit wird in der Bundesrepublik offen über die „kritische Grenze" einer Ausländerbeschäftigung diskutiert. Die Frage „wo liegt die Grenze der Ausländerbeschäftigung?" konnte jedoch bisher nicht geklärt werden. Insbesondere ist es kaum möglich die Integrationsprobleme der Sozialpolitiker mit der größeren Unfallhäufigkeit der Neulinge, um die sich die Berufsgenossenschaft sorgt, den Schulproblemen, die die Großstädte belasten und dem Sprachproblem, das den Verfassungsschutz bewegt, zu vergleichen und gegeneinander abzuwägen.

Allein über die Tatsache, daß die Bundesrepublik Deutschland kein Einwanderungsland sein kann, ist man sich weitgehend einig. Die nationale Überfremdung ist ein vielzitiertes Schlagwort. In Konsequenz dieses Tatbestandes versucht man daher, die Aufenthaltsdauer ausländischer Arbeitskräfte zu befristen.

Die Frage nach der Grenze der Aufnahmefähigkeit eines Landes für ausländische Arbeitskräfte wird nicht nur in der Bundesrepublik Deutschland gestellt. Neben Frankreich ist es vor allem die Schweiz, deren Wirtschaft in hohem Maße von ausländischen Arbeitskräften abhängig ist.

→ *Atlas*

Das Beispiel der Schweiz zeigt uns, daß die Gastarbeitertätigkeit nicht erst ein Problem unserer

Im Jahre 1972 zugewanderte Gastarbeiter (aus Migrations méditerranéennes. In: Option méditerranéennes 22, 1973, S. 45)

Zielland / Herkunftsland	Frankreich absolut	in %	Bundesrepublik Deutschland absolut	in %	Schweiz absolut	in %
Türkei	8 213	6,8	96 210	20,0	2 586	0,9
Griechenland	224	—	24 666	5,1	679	0,2
Jugoslawien	7 317	6,1	75 501	15,8	20 687	7,0
Italien	5 193	4,3	154 184	32,2	142 729	48,2
Spanien	9 925	8,3	28 657	5,9	94 686	32,0
Portugal	30 475	25,5	16 476	3,4	5 031	1,7
EG (außer Italien)	2 865	2,4	23 016	4,8	15 442	5,2
Nordafrika	48 793	40,8	6 000	1,2	424	0,1
Sonstige	6 643	5,8	51 610	10,9	11 986	4,0
	119 649	100,0	479 797	100,0	296 223	100,0

Tage ist. Bereits 1910 waren rund 15 % der Einwohner der Schweiz ausländischer Herkunft. Doch die Ereignisse der beiden Weltkriege und die wirtschaftlichen Krisensituationen im Gefolge der Weltkriege bedingten auch in der Schweiz eine starke Abnahme der ausländischen Arbeitskräfte. Bis zum Jahre 1950 sank die Zahl der ausländischen Einwohner in der Schweiz auf rund 200 000, ein Wert, der dem Stand von 1890 entspricht.

„Die große Ausländerinvasion begann in den fünfziger Jahren und konnte erst in neuerer Zeit etwas eingedämmt werden. 1960 waren wiederum 600 000 Personen ausländischer Nationalität in unserem Lande, zehn Jahre später war die Millionengrenze bereits deutlich überschritten. Die in der Volkszählung 1970 registrierten 1 080 000 Ausländer entsprachen mehr als 17 Prozent der gesamten Wohnbevölkerung. Der Ausländerbestand war damit relativ stärker als vor dem Ersten Weltkrieg.

Etwas mehr als die Hälfte der Ausländer besitzen die italienische Staatsangehörigkeit, weitere große Kontingente mit mehr als 100 000 Personen stellen traditionsgemäß Deutschland und neuerdings Spanien. Frankreich und Österreich sind mit je rund 50 000 vertreten. 1910 lagen Deutsche und Italiener mit je mehr als 200 000 oder beinahe zwei Fünfteln an der Spitze, nur jeder Zwanzigste stammte damals nicht aus einem Anliegerstaat.

Das Anschwellen der Ausländer um rund 800 000 Personen in den letzten zwanzig Jahren setzt sich aus einem Wanderungsüberschuß von 730 000 und einem erst im letzten Jahrzehnt in Erscheinung getretenen Geburtenüberschuß von 250 000

Abb. 29: Altersaufbau der ausländischen Wohnbevölkerung der Schweiz nach Berufstätigkeit (nach 'Atlas der Schweiz')

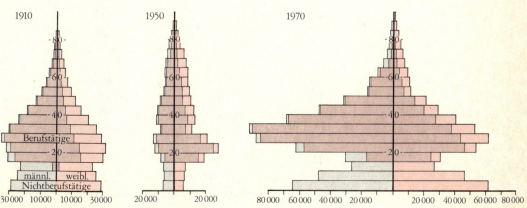

zusammen, denen ein Verlust durch Heiraten von Ausländerinnen mit Schweizern und durch Einbürgerungen um je 95 000 gegenübersteht...

Die Ausländer verteilen sich nicht gleichmäßig auf das ganze Land. In städtischen Gebieten sind sie mit 21 Prozent bedeutend stärker vertreten als auf dem Lande mit 13 Prozent. Nach Größenklassen der Gemeinden geordnet sinkt die Quote bis auf 9 Prozent in den Gemeinden mit weniger als tausend Einwohnern ab...

Die demographische Gliederung der Ausländer weicht in jeder Beziehung stark von jener der Schweizer ab, handelt es sich doch bei einem Großteil der Zugewanderten um jüngere Berufstätige mit ihren Frauen und Kindern. Aus den verschiedenen Graphiken ist deutlich der unregelmäßige Aufbau der Alterspyramide zu erkennen.

Zwei ausgeprägte Schwerpunkte, einmal bei den weniger als 10jährigen und dann vor allem bei den 20- bis 39jährigen prägen das Bild, wobei die letztere Gruppe allein beinahe die Hälfte aller Ausländer umfaßt, gegenüber nur etwas mehr als einem Viertel bei den Einheimischen. In diesem Alter sind denn auch die Ausländerquoten weitaus am höchsten, ihr Maximum erreichen sie bei den 30- und 31jährigen, wo bei den Männern zwei von fünf, bei den Frauen immer noch eine von vier ausländischer Herkunft sind...

Von den 1 080 000 Ausländern sind 1970 660 000 berufstätig, zwei Drittel in Industrie und Handwerk und ein Drittel in Dienstleistungsbetrieben, wogegen die Landwirtschaft nur mit einer verschwindend kleinen Zahl vertreten ist (bei den Schweizern beträgt das Verhältnis ungefähr 4,5 : 4,5 : 1). Infolge des erlaubten Nachziehens von Familienangehörigen ist die Erwerbsquote der Ausländer, die 1960 noch 72 Prozent betragen hatte, im letzten Jahrzehnt auf 61 Prozent gesunken. Beim männlichen Geschlecht stehen heute 72, bei den Frauen 47 Prozent im Erwerbsleben. Bemerkenswert ist dabei, daß bei den Frauen der Rückgang der Erwerbsquote nicht nur durch die Zunahme der nichtberufstätigen jungen und älteren Jahrgänge verursacht wurde, sondern auch ein kräftiges Absinken der Berufstätigkeit in den meisten Altersklassen zu verzeichnen ist, bedingt vor allem durch die starke Zunahme von Hausfrauen."

(aus *Atlas der Schweiz*, Bern 1973, S. 32)

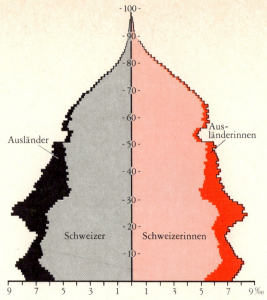

Abb. 30: Wohnbevölkerung der Schweiz 1970 (nach ‚Atlas der Schweiz')

Nach 1970 hat sich die Zahl der ausländischen Arbeitskräfte in der Schweiz weiter verstärkt; mit 844 395 berufstätigen Ausländern wurde im Juni 1973 der Spitzenwert erreicht, bis Juni 1974 sank die Zahl der ausländischen Arbeitskräfte in der Schweiz jedoch auf 825 104. Immer größere Bedeutung erlangen auch die Tagespendlerströme aus dem Ausland in die Schweiz. Die Zahl der „Grenzgänger" erhöhte sich von 101 000 (Juni 1973) auf 108 000 (Juni 1974).

3.2.7.4. Die „Reservearmee der Arbeitskräfte"

Die der marxistischen Richtung nahestehenden Vertreter sehen in den Gastarbeitern die moderne Reservearmee an Arbeitskräften, die den kapitalistischen Unternehmern zugeführt wird.

„Der stabilisierende Charakter der Wanderungsbewegungen für das internationale kapitalistische System liegt auf der Hand: Durch die Auswanderung werden potentielle soziale Spannungen und politischer Druck exportiert, wodurch die Machtverhältnisse und die politökonomischen Strukturen in den Auswanderungsländern stabilisiert werden...

In den Einwanderungsländern werden die Einwanderer gewöhnlich als Hilfsarbeiter eingestuft. Sozial und ökonomisch gesehen bekommen sie die untersten Stellen, und auf diese Weise schie-

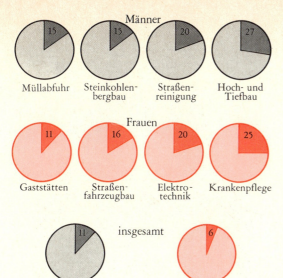

Abb. 31: Anteil der Gastarbeiter (in %) in ausgewählten Wirtschaftsbranchen der Bundesrepublik Deutschland (nach ‚Handelsblatt')

ben sie die einheimischen Arbeitskräfte nach oben. Die Beschäftigungs- und Sozialstrukturen verändern sich. Eine Spaltung der Arbeiterschaft in einheimische und ausländische Arbeiter wird dadurch erreicht.

(aus M. Nikolanikos, *Wanderungsprozesse und ihre ökonomischen Determinanten*. In: *Dynamik der Bevölkerungsentwicklung*, München 1973, S. 161)

In der Tat ist zumindest der Vorwurf berechtigt, daß man Gastarbeitern solche Arbeiten zuweist, die für deutsche Arbeitnehmer nicht attraktiv oder zu schwer erscheinen. In diesem Zusammenhang kann man mit Recht nach dem Selbstverständnis einer Gesellschaft fragen, die wichtige Berufe, insbesondere Pflegeberufe, so weit deklassiert, daß sie von der einheimischen Bevölkerung gemieden werden und zur Deckung des Bedarfes auf koreanische und philippinische Arbeitskräfte zurückgegriffen wird.

3.2.7.5. Positive Folgewirkungen im Herkunfts- und im Zielland

Neben negativen Äußerungen zur Wanderung der Gastarbeiter stehen auch Meinungen, die unter Berücksichtigung der persönlichen Situation der ausländischen Arbeiter die positiven Faktoren betonen.

„*Die Italiener, die bei uns arbeiten, sind keine Römer, sondern 80 Prozent von ihnen kommen aus Sizilien und den übrigen süditalienischen Provinzen. Die regionalen Unterschiede sind in Italien groß: Das Durchschnittseinkommen erreichte 1960 in Norditalien 127 Prozent des Nationaldurchschnitts, in Süditalien nur 55 Prozent . . .*

Die Griechen kommen vorwiegend aus Mazedonien, Thrazien, Epirus, Kreta nach Deutschland und (nach Angaben des griechischen Arbeitsministeriums von 1965) meist aus Dörfern, in denen sie ‚totes Arbeitskräftepotential' waren, bis sie erst durch die Ausreise einen Arbeitsmarktwert erlangten . . .

Für die Türken bedeutet der Aufenthalt in Deutschland oft eine Zwischenphase ihrer persönlichen Binnenwanderung, denn sie vermeiden meist die Rückkehr in die landwirtschaftlichen Ausgangsgebiete, sondern suchen in den türkischen Städten Lebenssphären, die den deutschen ähneln. Mit dem Aufenthalt in der Bundesrepublik wandeln sie sich vom Landbewohner zum gewerblichen Arbeiter.

Die Jugoslawen in der Bundesrepublik stammen meist aus landwirtschaftlichen Gebieten Kroatiens und Bosniens. Ihre Heimat ist selten ganz ohne Industrie, und viele haben gute berufliche Erfahrung. Manche gaben ihre Heimat auf, um in Deutschland besseren Lohn zu verdienen.

Die Anpassung an die deutschen Verhältnisse gelingt ihnen meist gut . . . Knapp ein Fünftel ist gewerkschaftlich organisiert. Ihr wirtschaftliches Ziel ist meist, in der Heimat eine bessere Existenz aufzubauen und ein Haus zu bauen . . ."
(aus „Die Zeit" Nr. 16, 13. April 1973: „Proletarier aller Länder")

Als grundsätzlich positive Folgewirkungen der Gastarbeitertätigkeit können z. B. folgende angegeben werden:

Wirkungen im Privatbereich des Gastarbeiters:

Bessere Verdienstmöglichkeiten,
bessere Ausbildungs- und Anlernmöglichkeit,
Loslösen aus bisherigen Sozialbindungen mit der Tendenz zur sozialen Mobilität,
Veränderung der Wertvorstellungen,
Steigen der privaten Sparquote,
Möglichkeiten der Befriedigung von Konsumgüterwünschen,
Verbesserung der schulischen Bildung der Kinder;

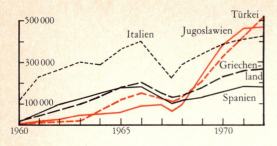

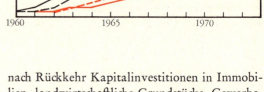

Abb. 32: Ausländische Arbeitnehmer in der Bundesrepublik Deutschland nach Nationalitäten (nach ‚Bundesanstalt für Arbeit')

Abb. 33: Geldtransfer ausländischer Arbeitnehmer in der Bundesrepublik Deutschland (nach ‚Bundesanstalt für Arbeit')

Wirkungen im Zielland:
Steigerung des wirtschaftlichen Wachstums durch Produktions- und Konsumerhöhung,
Konfrontation mit Problemen ausländischer Arbeitskräfte,
Weckung des Verständnisses für die Bevölkerung unterentwickelter Regionen;
Wirkungen im Herkunftsland (Heimatland):
Finanzielle Unterstützung der verbliebenen Familienangehörigen,
nach Rückkehr Kapitalinvestitionen in Immobilien, landwirtschaftliche Grundstücke, Gewerbebetriebe und handwerkliche Maschinen,
Veränderung des Arbeitsmarktes und der wirtschaftlichen Produktion durch Rückkehr geschulter Arbeitskräfte,
Bevölkerungsveränderung durch räumliche und soziale Mobilität rückkehrender Gastarbeiter,
Befreiung vom „Ballast der Überbevölkerung".

→ *Atlas*

Weiterführende Literatur

1. D. Bartels, *Türkische Gastarbeiter aus der Region Izmir*, in: *Erdkunde* 22/1968.
2. Bundesanstalt für Arbeit (Hrsg.), *Ausländische Arbeitnehmer 1972/73.* Nürnberg 1974.
3. F. W. Dörge u. a., *Modellanalyse, Gastarbeiter — Europäisches Proletariat?*, in: *Gegenwartskunde* 1968, S. 283—309.
4. W. Puls, *Gastarbeiter oder Einwanderer*, in: *GR* 2/1975.
5. G. Rochceau, *Die innereuropäischen Arbeitswanderungen*, in: *GR* 18/1966.
6. H. Schrettenbrunner, *Die Wanderbewegung von Fremdarbeitern am Beispiel einer Gemeinde Kalabriens*, in: *GR* 21/1969.
7. H. Schrettenbrunner, *Gastarbeiter.* Frankfurt/M. 1971.

Arbeitsthemen und Referate

Die europäischen Arbeiterwanderungen
Besteht ein Zusammenhang von Wirtschaftskonjunktur und Gastarbeitertätigkeit?
Der Einfluß der Gastarbeiter auf die Gesellschafts- und Raumstruktur der BR Deutschland
Inwiefern beeinflussen Gastarbeiter die sozialökonomische Entwicklung und die räumliche Struktur ihres Herkunftslandes?

Arbeitsmarkt — brain drain — Ausländerbeschäftigung — „kritische Grenze" der Ausländerbeschäftigung — Integrationsproblem — Aufnahmefähigkeit des Gastgeberlandes — Einwanderungsland — Herkunftsland — Grenzgänger — Saisonarbeitskraft

4. Bevölkerungswanderung (Mobilität)

4.1. Zusammenhänge zwischen sozialer, wirtschaftlicher und räumlicher Mobilität

Entsprechend der Gliederung der Bevölkerung in bestimmte Positionen nach sozialen, wirtschaftlichen und räumlichen Merkmalen läßt sich die Bewegung in eine andere Position als soziale, wirtschaftliche und räumliche Mobilität ansprechen. Das bedeutet nicht, daß sich die sozialen, wirtschaftlichen oder räumlichen Mobilitätsvorgänge nebeneinander und unabhängig voneinander entwickeln; gerade das Gegenteil ist der Fall:

„Regionale und soziale Mobilität sind eng miteinander verknüpft, und soziale Mobilitätsprozesse wie Wechsel des Arbeitsplatzes, des Berufs, der Lebensform können in vielen Fällen nur ablaufen, wenn sie mit der Wohnortmobilität verknüpft sind. Große gesellschaftliche Wandlungsvorgänge wie der Industrialisierungsprozeß und die damit verbundene Gesellschaftsentwicklung zur „tertiären Zivilisation" im Sinne von Fourastié integrieren sich aus einer Vielzahl sozialer Positionswechsel, die mit augenfälligen regionalen Mobilitätsprozessen wie der Land-Stadt-Wanderung oder dem Zuzug in die Ballungszentren verknüpft sind. Selbst innerhalb der Stadt manifestieren sich soziale Positionswechsel vielfach durch eine lebhafte Umzugstätigkeit, und die Veränderung des Charakters der innerstädtischen Viertel ist ein Resultat ineinandergreifender sozialer und regionaler Mobilitätsprozesse."

(aus F. Schaffer, *Räumliche Mobilitätsprozesse in Stadtgebieten*. In: *Forschungs- und Sitzungsberichte der Akad. für Raumforschung und Landesplanung*. Bd. 55, Hannover 1970, S. 56)

Obwohl man die Beziehungen zwischen räumlicher, sozialer und wirtschaftlicher Mobilität erkennt, ist es bisher jedoch noch nicht in notwendiger Art und Weise gelungen, exakt abgeleitete und empirisch nachgewiesene regelhafte Beziehungen zu formulieren. Die Beziehungen zwischen Wanderungsprozessen und den Austauschverhältnissen innerhalb der Sozialschichten bzw. deren sozioökonomischen Rahmen fußen bisher nur auf Annahmen, die man aus einer vergleichenden Prozeßbetrachtung gewonnen hat. Man glaubte, charakteristische Wanderungsspannungen feststellen zu können, z. B. sind die Bewegungen des sozialen Aufstiegs oder Abstiegs häufig eine Ursache oder eine Folge räumlicher Wanderungen. Damit verbunden ist die Tatsache, daß in unserer industrialisierten Gesellschaft die Aufstiegspositionen in bestimmter räumlicher Verteilung und Differenzierung angeboten werden.

→ *Atlas*

4.1.1. Was versteht man unter Wanderung?

Um eine klare Aussage über die Formen und Prozesse der Wanderungen treffen zu können, müssen wir uns klar werden, was man unter Wanderung (räumliche Bewegung) versteht. G. Albrecht (*„Soziologie der geographischen Mobilität"*, Stuttgart 1972) weist mit Recht darauf hin, daß der Begriff ‚Wanderung' in der Alltagssprache vielfach verwendet wird. Ohne auf Vollständigkeit zu zielen, führt er an:

● *„Wandern stellt eine bestimmte Form der Freizeitgestaltung dar, wobei in der Regel beträchtliche Entfernungen zurückgelegt werden, sofern die Wandernden eine Art Urlaubstätigkeit pflegen.*

● *Der Ausdruck ‚Wandern' wird synonym mit ‚Spaziergang' verwendet.*

● *Wandern war lange Zeit eine eigentümliche und fest institutionalisierte Lebensweise der Handwerksgesellen und ist dies häufig auch noch bei Landarbeitern in bestimmten Regionen dieser Erde.*

● *Man spricht auch von ‚Völkerwanderung‘, also episodischen Zügen ganzer Völker oder beträchtlicher Teile derselben in fremde Gebiete zur Gewinnung einer neuen Lebensgrundlage.*

● *Man spricht vom Wandern der Nomaden und Halbnomaden.*

● *Man spricht von Aus- bzw. Einwanderung von Menschen in fremde Länder in der Form der nichtkoordinierten Einzelhandlungen.*

● *Die ‚Land-Stadt-Wanderung‘ bezeichnet den Zuzug von Personen ländlicher Herkunft in die städtischen Gebiete.*

● *Man spricht vom Wandern beim Umzug von Personen von einer Stadt in die andere.*

● *Als Wanderungsvorgänge werden auch die innerstädtischen Umzüge angesprochen.*

● *Häufig werden auch die täglichen oder wöchentlichen Pendelbewegungen der erwerbstätigen Bevölkerung als Wanderungen bezeichnet.“*

(nach G. Albrecht, *Soziologie der geographischen Mobilität*. Stuttgart 1972, S. 22 f.)

Für alle angeführten Wanderungsformen ist charakteristisch, daß sie alle eine Bewegung im Raum darstellen; sie unterscheiden sich dadurch, daß bei einigen eine Änderung des Wohnsitzes verbunden ist.

Verwenden wir die Definition von R. Heberle („*Theorie der Wanderungen*"), so ist unter Wanderung bzw. Migration „*jeder Wechsel des Wohnsitzes, und zwar des de-facto-Wohnsitzes, einerlei ob freiwillig oder unfreiwillig, dauernd oder vorübergehend*" zu verstehen. Heberle führt weiter aus: „*Dagegen werden ‚Umzüge‘ innerhalb derselben Gemeinde nicht als Wanderung angesehen, auch nicht das Reisen, denn der Reisende beabsichtigt an seinen alten Wohnort zurückzukehren, während der Wandernde einen neuen Wohnsitz sucht.*"

Als entscheidendes Kriterium der Wanderungstätigkeit muß mithin die Verlagerung des Wohnsitzes angesehen werden. Uneinsichtig bleibt allerdings, warum die innergemeindliche oder innerstädtische Mobilität, d. h. die Wanderung innerhalb einer Gemeinde, nicht zu den Wanderungen gezählt wird. Dabei kann es durchaus vorkommen, daß bei diesen innerstädtischen Umzügen – z. B. in den Großstädten Berlin, Hamburg, München etc. – eine größere Distanz überwunden wird als bei einer Wanderung in einen benachbarten Ort. Vielleicht ist der Grund darin zu suchen, daß die frühen Wanderungsstatistiken nur Wohnortwechsel berücksichtigen. Erst in jüngster Zeit hat man sich in wissenschaftlichen Arbeiten stärker dem wichtigen Phänomen der innerstädtischen Mobilität gewidmet.

Auch die „Pendelwanderung" fällt nicht unter den offiziellen Wanderungsbegriff. Sie muß vielmehr als eine Sonderform oder als ein Ersatz für eine echte Wanderung gesehen werden. Durch die Trennung von Arbeitsort und Wohnort besteht jedoch oft die Tendenz zur Verlegung des Wohnorts in Richtung Arbeitsort, so daß das Pendeln häufig als eine Vorstufe der späteren Wanderung angesehen wird.

Für die Bundesrepublik Deutschland ist der amtliche Wanderungsbegriff, wie er auch in den Statistiken verwendet wird, am besten für empirische Untersuchungen geeignet; auch er orientiert sich am Wohnungswechsel:

„*Als Wohnungswechsel gilt jedes Beziehen einer Wohnung und jeder Auszug aus einer Wohnung, wobei unter Wohnung jeder Raum zu verstehen ist, der zum Wohnen oder Schlafen benutzt wird.*"

(aus *Stat. Bundesamt, Bevölkerung und Kultur, Reihe 3 Wanderungen*. Vorbemerkungen S. 4 f., Stuttgart und Mainz 1966)

Jeder Bürger, der in einen Ort der Bundesrepublik Deutschland zieht oder ihn verläßt, ist verpflichtet, sich mittels Meldeschein an- oder abzumelden. Je nach Art des Wohnungswechsels unterscheidet man „Umzüge" (Wohnungswechsel innerhalb der Gemeinden) von den „Wanderungen" (Wohnungswechsel über die Gemeindegrenzen). Der Meldeschein liefert jedoch nur unvollkommene Werte zur quantitativen Erfassung der Wanderungen. Er gibt zwar Angaben über Ziel- und Herkunftsort, Alter, Geschlecht, Familienstand und Staatsangehörigkeit wieder, doch liefert er keine Information über Gründe von Wanderungen. In dieser Beziehung ist man auf die Interviews von Soziologen oder Meinungsforschungsinstituten angewiesen. Die in mindestens 10jährigem Rhythmus durchgeführten Volkszählungen liefern eine Kontrolle der Bevölkerungsfortschreibung, die in systematischer Art und Weise erst seit 1938 (Meldescheinpflicht!) durchgeführt wird.

4.1.2. Umfang der räumlichen Mobilität

Um die große Bedeutung der Binnenwanderung in der Bundesrepublik Deutschland zu verdeutlichen (ähnliche Werte gelten auch für andere westliche Länder), muß man feststellen, daß jährlich rund 3,5 Millionen Bürger ihren Wohnort wechseln. Statistisch bisher nicht exakt feststellbar sind die Umzüge innerhalb der Gemeinden. Nach einer Untersuchung von O. Boustedt („*Die innerstädtischen Umzüge in Hamburg*". In: *Hamburg in Zahlen*. Heft 8/1967, S. 183 bis 193) erreichen diese ähnliche Größenordnungen wie Wanderungen über die Verwaltungsgrenzen. Für den Zeitraum von 15 Jahren (1952–1966) stellt er für 14 westdeutsche Großstädte über 400 000 Einwohner fest, daß sich rund 17 Millionen Personen an innerstädtischen Umzügen beteiligten und etwa 19,8 Millionen über die Stadtgrenze zu- bzw. fortzogen.

Unter Berücksichtigung dieser 14 Großstädte – im Jahre 1965 lebten hier insgesamt ca. 12 Millionen Einwohner – und dem Hinweis des Untersuchungszeitraums über 15 Jahre läßt sich als wichtiges Ergebnis festhalten:

● 20 von 100 Großstädtern wechseln jährlich ihre Wohnung

● neun Personen ziehen dabei innerhalb der Stadt um, elf überschreiten die Stadt- bzw. Verwaltungsgrenze.

Aufgrund der Untersuchungsergebnisse von Boustedt schätzt K. Schwarz die Ortsumzüge in der Bundesrepublik Deutschland für alle Gemeinden auf jährlich 3 bis 5 Millionen. Somit würden unter Berücksichtigung der 3,5 Millionen Ortswechsler jährlich mindestens 7 Millionen Personen am Wanderungsvorgang teilhaben, d. h. die Wohnung wechseln.

(Vgl. K. Schwarz, *Neuere Erscheinungen der Binnenwanderung mit Beispielen*. In: *Forschungs- und Sitzungsberichte der Akad. für Raumforschung und Landesplanung*. Bd. 55, Hannover 1970, S. 37–53.)

Noch wichtiger als absolute Zahlen über Wanderfälle ist die räumliche Konzentration der Zu- und Abwanderung. Sie gibt uns erste Hinweise auf ein Spannungsverhältnis von Herkunfts- und Zielgebieten. Die Darstellung in Wanderungssalden zeigt jedoch nur die Räume mit überwiegenden Abwanderungstendenzen und Räume mit überwiegenden Zuwanderungstendenzen. Sie gibt uns keinen Hinweis auf die Vielschichtigkeit von Wanderungsvorgängen, die noch zu unterscheiden sind (vgl. Kap. 4.2); außerdem heben sich die innerstädtischen Wanderungen bei der Saldoermittlung einer Verwaltungseinheit auf.

So ist es auch von besonderer Bedeutung, neben der quantitativen Erfassung der Wanderungsvorgänge über die Mobilität von Bevölkerungsgruppen und eine differenzierte Wanderungsanalyse auch etwas über qualitative Auswirkungen zu erfahren, da die räumliche Bevölkerungsbewegung in der Regel mit wichtigen sozialen Selektionsvorgängen gekoppelt ist. So verbergen sich hinter negativen oder positiven und sogar hinter ausgeglichenen Wanderungssalden starke Veränderungen der Bevölkerungsstruktur.

→ *Atlas*

4.1.3. Gesellschaftliche Randbedingungen der räumlichen Mobilität

Um alle individuellen Wanderungswünsche vollziehen zu können, bedarf es einer möglichst freizügigen gesellschaftlichen Situation, die nicht durch Vorschriften oder Konventionen eingeschränkt ist. Gerade auch vor diesem Hintergrund wird es einleuchtend, daß das Ausmaß individueller Wanderungsvorgänge in Ländern mit vorrangig freiheitlich-liberaler Grundstruktur wesentlich höher einzuschätzen ist als in Ländern mit zentralgeleiteten politischen Systemen.

Als gesellschaftliche Randbedingungen sind insbesonders zu erwähnen:

● die politische Verfassung, die freie Wahl des Wohnsitzes und des Arbeitsplatzes sichert (vgl. Grundgesetz der Bundesrepublik Deutschland, Freizügigkeitsbestimmungen der EG)

● Chancengleichheit der Ausbildung, der beruflichen Fortbildung und der Realisierung beruflicher Möglichkeiten

● rasche Anpassungsmöglichkeiten an gesellschaftliche Umschichtungsprozesse

● Möglichkeiten der raschen Erweiterung des Erfahrungshorizontes durch Benutzung der Massenmedien und durch persönliches Orientieren infolge unbeschränkter Reisemöglichkeiten

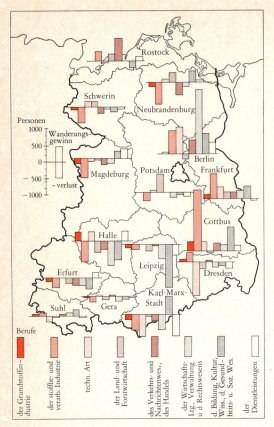

Abb. 34: Mittlere jährliche Binnenwanderungssalden nach Berufsabteilungen in der DDR 1962—1965 (nach Bose)

- Nachahmungstrieb und Prestigedenken als Mittel der gesellschaftlichen Profilierung
- gestiegenes Standortbewußtsein durch Betonung des Dienstleistungsangebots (wachsende Lebenskomfortansprüche und Konsumbedürfnisse).

4.1.4. Die Bedeutung positiver Wanderungssalden für die Gemeinden

Wie uns Abb. 35 zeigt, führen Wanderungen zu einer Vertiefung des räumlichen Ungleichgewichts, indem wenige Orte oder Räume von den Wanderungswilligen bewußt bevorzugt werden. Zur Attraktivität eines Ortes bzw. eines Raumes tragen besonders die Unterschiede in der Wirtschaftsstruktur, die Arbeitsmarktlage, der Wohnwert, der Freizeitwert oder das umfassende Dienstleistungsangebot einer Gemeinde bei.

Kommunen und Regionen profilieren sich publizistisch. Zur Imagepflege schmückt man sich mit klangvollen Beinamen, die eine besonders herausgehobene Stellung der Gemeinde betonen sollen:

- München, „Weltstadt mit Herz"
- Hamburg, „Das Tor zur Welt"
- Frankfurt, „Die Drehscheibe Europas"
- Stuttgart, „Großstadt zwischen Wald und Reben"

Für Kommunen und Regionen wird der positive Wanderungssaldo immer mehr zum Indiz einer gesicherten sozio-ökonomischen Zukunft und eines prosperierenden Wachstums, wogegen negative Wanderungssalden als eine Bedrohung der weiteren Entwicklung und als Krisenzeichen angesehen werden. Vor diesem Hintergrund konkurrieren die Gemeinden um Bewohner und berufliche Arbeitsplätze.

→ *Atlas*

„Eine kleine Invasion von Möbelwagen aus Duisburg, Gelsenkirchen, Oberhausen oder Wattenscheid wird in den nächsten Tagen in Dingolfing und den Dörfern der Umgebung erwartet. Zum Schulbeginn im September wird sich dort in den Klassenzimmern bodenständiges Idiom mit rheinischem Dialekt mischen... Das alles wird geschehen, weil die Bayerischen Motorenwerke (BMW) auf der grünen Wiese bei Dingolfing die zur Zeit modernste Autofabrik der Welt gebaut haben. In Kürze soll sie anlaufen. Für dieses Vorhaben fehlen freilich noch 4000 bis 5000 Arbeitskräfte zusätzlich zu den schon vorhandenen 4000 ... Da solche Arbeitskräfte aber um Isar und Vils Mangelware sind, verfielen die Bayern auf die Idee, sie an der Ruhr anzuwerben.

Auf den Lockruf ‚Jupp, komm nach Bayern', wo der Schweinebraten im Wirtshaus noch vier und das Kilo Schweinefleisch beim Metzger noch acht, nicht 13 Mark wie in Gelsenkirchen kosten, meldeten sich 1600 ‚Auswanderer' – vom Kumpel bis zum Verwaltungsdirektor.

... der Essener Stadtdirektor protestierte mit einem offenen Brief in der Lokalpresse gegen die ‚Abwerbung'. Die Dortmunder Industrie- und Handelskammer bezeichnete die Werbekampagne als ‚Geschmacklosigkeit' und der Siedlungsverband Ruhrkohlebezirk veranstaltete eine Pressefahrt durchs Revier, um zu beweisen,

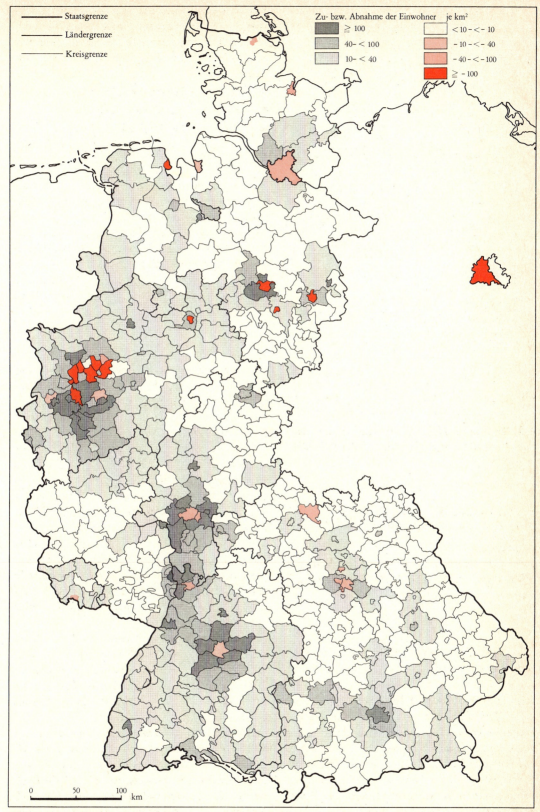

Abb. 35: Bevölkerungsveränderung in der Bundesrepublik Deutschland 1961—1970 (nach ‚Raumordnungsbericht 1972 der Bundesregierung')

daß es auch hier Rindvieh auf der Weide, Wälder und blauen Himmel gibt. In Dingolfing lächelt man über die Aufregung an der Ruhr: man hat hier noch sehr gut in Erinnerung, wie vor 20 Jahren rheinische Anwerbekolonnen Tausende niederbayerischer Arbeiter ins Revier holten."
(aus *Nürnberger Nachrichten* vom 13. 8. 1973)

Aus der Sicht der Gemeinden hat eine Bevölkerungszuwanderung folgende vermeintliche Gunstfaktoren:

● Die Siedlungsentwicklung nimmt einen kontinuierlichen Ablauf, eine soziographisch weite Streuung der Bevölkerung ist gesichert.
● Das Arbeitskräftepotential der Stadt wird gestärkt und damit auch die Wirtschaftskraft.
● Die Konsumkraft der Bewohner steigt, was dem einheimischen Handel zugute kommt.
● In Wachstumsgemeinden wird die Infrastruktur ausgebaut; es konzentrieren sich die höheren Einkommen; das Dienstleistungsangebot im Kultur- und Bildungsbereich wird vermehrt.
● Durch Bevölkerungszuzug erwartet man eine Aufwertung als zentraler Ort, d. h., man sieht es gerne, wenn sich der Umlandbereich vergrößert.
● Über die verschiedenen höheren Steuereinnahmen (Gewerbesteuer, Grundsteuer, Körperschafts- und Einkommensteuer etc.) erhofft man sich eine Stärkung der Finanzkraft der Gemeinde. Außerdem bemessen sich staatliche Zuschüsse für Maßnahmen der Infrastruktur häufig nach der Einwohnerzahl einer Gemeinde.

Weiterführende Literatur

1. G. Albrecht, *Soziologie der geographischen Mobilität*. Stuttgart 1972.
2. G. Bose, *Einige Hauptaspekte der überregionalen Binnenwanderung in der Deutschen Demokratischen Republik*, in: *Wiss. Ztschr. Univ. Jena, Math. Naturwiss. Reihe* 5/1970.
3. H.-J. Hoffmann-Nowotny, *Migration, ein Beitrag zu einer soziologischen Erklärung*. Stuttgart 1970.
4. K. Horstmann, *Horizontale Mobilität*, in: *Handbuch der empirischen Sozialforschung*, 2. Bd., Stuttgart 1969.
5. A. Kruse, *Wanderungen II*, in: *Handwörterbuch der Sozialwissenschaften*, Bd. 11, Göttingen 1961.
6. L. Neundörfer, *Wanderungen I*, in: *Handwörterbuch der Sozialwissenschaften*, Bd. 11, Göttingen 1961.
7. K. Ruppert, *Die Auswirkung der Industrialisierung auf die Wanderung der Agrarbevölkerung in den sozialistischen Staaten*, in: *Erdkunde* 22/1968.
8. P. Schöller, *Die Pendelwanderung als geographisches Problem*, in: *Berichte z. dt. Landeskunde*, 17/1956.
9. Statistisches Bundesamt, *Fachserie A — Bevölkerung und Kultur*, Reihe 3, *Wanderungen*. Wiesbaden (jährlich).
10. G. Voppel, *Die bevölkerungs- und wirtschaftsgeographische Dynamik einer wachsenden Großstadt, am Beispiel des Raumes Hannover*, in: *Münchner Studien zur Sozial- und Wirtschaftsgeographie* 8/1972.
11. E. Weber, *Entwicklungs-, Bewegungs- und Strukturtypen. Zu einigen Problemen der Bevölkerungsentwicklung in der DDR von 1939—1955*, in: *Petermanns Mitt.*, 113, 1969.
12. K. Witthauer, *Zur sozialökonomischen Interpretation der Geburtenrate in der Sowjetunion*, in: *Petermanns Mitt.* 111, 1967.

Arbeitsthemen und Referate
Unterschiedliche Wanderungsbewegungen in der Bundesrepublik Deutschland und in der DDR
Die Attraktivität der Gemeinden (in Verbindung mit 4.2.4.1)
Der Einfluß der Industrialisierung auf die Bevölkerungsmobilität

Mobilitätsprozeß — Industrialisierung — Wohnsitz — Wanderung — Migration — Umzug — Pendelwanderung — Herkunftsgebiet — Zielgebiet — Wachstumsgemeinde — Attraktivität — Wanderungssaldo

4.2. Wichtige prozessuale Abläufe bei der Binnenwanderung

Aus der Vielzahl von individuell bedingten Wanderungsfällen lassen sich durch Häufung typische Wanderungsabläufe ermitteln.

4.2.1. Die Abwanderung aus ländlichen Gebieten
("Land-Stadt-Wanderung", "Landflucht")

„Am bekanntesten geworden ist das Phänomen der sogenannten ‚Landflucht', nämlich die Abwanderung Millionen von Menschen vom flachen Lande in die Städte, im Zusammenhang mit der industriellen Revolution, die zu dem rasanten Anwachsen der großen Städte auf der einen Seite und einer drohenden Verödung des flachen Landes auf der anderen Seite zu führen drohte. Als Motiv für diese Wanderung wurde unterstellt, daß die Landwirtschaft infolge ihrer begrenzten ‚Tragfähigkeit' der wachsenden Menschenzahl auf dem flachen Lande nicht mehr die notwendige Existenzgrundlage bot und sie entweder zur Auswanderung in weniger stark besiedelte, vorwiegend überseeische Gebiete oder zur Abwanderung in die wirtschaftlichen Konzentrations- und Ballungsräume veranlaßte.
In dieser ersten Phase des räumlichen Umschichtungsprozesses in der räumlichen Bevölkerungsverteilung dürfte auch diese Annahme über die primär ökonomisch bedingte Grundlage der Wanderungsvorgänge zutreffend gewesen sein.

Verglich man daher etwa die Entwicklung der Beschäftigtenzahlen der Industriebetriebe in den aufblühenden städtischen Standorten mit der Zahl der zuwandernden Personen, so konnte durchaus mit Recht ein verhältnismäßig eindeutiger Zusammenhang zwischen dem Wanderungsvorgang und der Suche nach einer Existenz, nach besseren Verdienst- und Lebensbedingungen in den aufblühenden Wirtschaftszentren gefolgert werden.
Dieser anscheinend so eindeutige Zusammenhang führte schließlich zu der allgemeinen Auffassung, daß Bevölkerungswachstum einem Wirtschaftswachstum und eine Bevölkerungsverminderung einer Stagnation oder gar einer Schrumpfung der Wirtschaftskraft der betreffenden Gebiete gleichgesetzt wurde."

(aus O. Boustedt, *Zum Problem für den Aufbau einer laufenden Wanderungsstatistik für die Städte.* In: *Forschungs- und Sitzungsbericht der Akad. für Raumforschung und Landesplanung.* Bd. 55, Hannover 1970, S. 9)

Gerade aus der Land-Stadt-Wanderung, die in Mittel- und Westeuropa vom Beginn der Industrialisierungsepoche bis nach dem 2. Weltkrieg der dominante Wanderungstyp war, läßt sich der Wandel der ökonomischen Situation als eine der wichtigen Ursachen des Wanderungsgeschehens erkennen. Die Konzentration von Gewerbe und Industrie in den Städten steigerte die Tragfähigkeit dieser Räume. Über das dortige Arbeitsplatzangebot und die Verdienstmöglichkeiten kam es zu einer räumlichen Verschiebung der

Die Gliederung der Bevölkerung im Deutschen Reich bzw. in der Bundesrepublik Deutschland nach Gemeindegrößenklassen (in %) (Art. „Bevölkerungsgliederung" in HdSW, S. 182, und Stat. Jb. für die BRD 1973, S. 44)

Jahr	ländliche Gemeinden (< 2000 Einw.)	Landstädte (2000–5000 Einw.)	Kleinstädte (5000–20 000 Einw.)	Mittelstädte (20 000 bis 50 000 Einw.)	Mittelstädte (50 000 bis 100 000 Einw.)	Großstädte (> 100 000 Einw.)
1871	62,6	12,8	11,5	3,8	3,8	5,5
1900	44,0	12,2	13,4	8,1	4,9	17,4
1910	38,5	11,2	13,6	8,2	5,6	22,9
1925	35,6	10,8	13,1	8,0	5,7	26,8
1933	32,9	10,6	13,1	7,7	5,3	30,4
1939	30,4	10,7	13,6	8,2	5,3	31,8
1946	30,7	13,3	16,5	9,1	5,9	24,5
1954	26,1	12,9	16,2	9,3	6,3	29,2
1961	23,2	12,5	16,7	10,2	6,6	30,7
1972	14,2	11,5	21,7	12,6	7,9	32,0

Bevölkerung oder zumindest zu einem Abfluß des überschüssigen ländlichen Bervölkerungszuwachses.

Die Tabelle zeigt anschaulich das starke Wachstum von Mittel- und Großstädten, das mit einer prozentualen Abnahme der Bevölkerung der ländlichen Gemeinden korrespondiert; dennoch sei vor einer einseitigen Abhängigkeitsbetrachtung gewarnt. Insbesondere folgende Überlegungen sind anzustellen:

- Erfolgt die Wanderung vom Land in die Großstadt in einem Schritt oder gibt es mehrere abgestufte Wanderungen (z. B. von ländlicher Gemeinde in Kleinstadt, von Kleinstadt in Mittelstadt, von Mittelstadt in Großstadt)?
- Oft sind „ländliche Gemeinden" oder „Landstädte" nur von der Einwohnerzahl her als solche zu bezeichnen. In ihrer soziologischen Zusammensetzung entsprechen sie der städtischen Bevölkerung (vgl. Wanderung der Städter in die Randgemeinden der Stadtregion). Als Folgerung bliebe dann, daß nur ein Teil der in den ländlichen Gemeinden oder Landstädten wohnenden Bevölkerung als Landbevölkerung anzusprechen ist; die Land-Stadt-Wanderung wäre damit noch stärker als es die Bevölkerungszahlen auszudrükken vermögen.

Auch heute noch ist die Land-Stadt-Wanderung ein wichtiger Prozeß, der vor unseren Augen abläuft, da die Nachteile eines ländlichen Gebietes von den meisten Sozialschichten noch als gravierend angesehen werden:

- unzureichende Möglichkeiten der schulischen und beruflichen Ausbildung
- Einschränkung der beruflichen Mobilität durch enges Berufsspektrum
- unzureichende Ausstattung mit Infrastruktur
- Mängel im gesamten Dienstleistungsbereich (öffentliche Verwaltung, ärztliche Versorgung, kulturelle Einrichtungen etc.).

Demgegenüber können die Vorteile des ländlichen Raumes, insbesondere die günstigen Umweltbedingungen, gute Erholungsmöglichkeiten, relativ billige Bodenpreise und geringes Mietpreisniveau, die angeführten Nachteile in der Bewertung nicht oder noch nicht ausgleichen.

Gerade bei den meisten Filialverlagerungen von Industrieunternehmen in ländlich-periphere Räume, die vor allen Dingen wegen des dort günstigen Arbeitsmarktes durchgeführt werden, wurden die Nachteile ländlicher Räume offenkundig. Obwohl es an Arbeitern und mittleren Angestellten am Ort nicht mangelt, stellt sich als hindernder Faktor die geringe Wanderungsbereitschaft der leitenden Angestellten, die aus den Verdichtungsräumen rekrutiert werden müßten, entgegen. Diese Sozialgruppe ist in der Regel nicht bereit, auf die Annehmlichkeiten des städtischen Lebens, das kulturelle Angebot oder das gehobene Dienstleistungsspektrum zu verzichten. Manche der Betriebe mußten daher ihr Vorhaben, in ländliche Räume zu ziehen, mangels geeigneter Führungskräfte aufgeben.

Mit dieser negativen Einstellung einer gehobenen Sozialgruppe gegenüber dem ländlichen Raum wird auch gerne der Gedanke verbunden, daß es die Aktivsten, die Gebildeten und Dynamischen sind, die aus dem ländlichen Raum abwandern, während die geistig weniger wendigen Bevölkerungsteile am Ort verharren. Eine derartige Qualifizierung ist aber höchst problematisch und empirisch keineswegs belegt. Man könnte sich in diesem Zusammenhang sogar fragen, ob es nicht größerer Fähigkeiten und Tatkraft bedarf, wenn man in einem peripheren Ort eine zukunftsträchtige Existenz begründet, als dorthin zu gehen, wo ein vielfaches breitgestreutes Spektrum an Arbeitsplätzen wartet.

Unabhängig von der umstrittenen qualitativen Einschätzung der Abwandernden, läßt sich aber doch feststellen, daß besonders die Altersgruppen der 20- bis 40jährigen abwandern und in den Verdichtungsräumen entweder studieren oder in Industrie- und Dienstleistungsbetrieben arbeiten. Für die Abwanderungsgebiete hat dies zur Folge, daß mit einer quantitativen Verringerung der Bevölkerungszahl auch eine soziale Selektion und Umschichtung stattfindet. Die als „peripher", „wirtschaftsschwach" und „unattraktiv" apostrophierten Räume weisen als Folge der einseitigen Abwanderung eine Überalterung der Bevölkerungsstruktur auf, was wiederum Konsequenzen für die Geburtenhäufigkeit beinhaltet.

Der Bundesminister des Innern hat die Wohnort- und Arbeitsplatzmobilität im ländlichen Raum untersuchen lassen, um die hier stattfindenden Bevölkerungsumschichtungen besser beleuchten zu können:

„Die künftige Entwicklung der ländlichen Kleingemeinden hängt weitgehend von den Verhal-

tensweisen ihrer Bewohner ab. Die Untersuchung gibt Antworten auf die drei Fragen: inwieweit sind Bewohner ländlicher Kleingemeinden bereit, in den alten Heimatorten zu bleiben? Läßt sich die Bevölkerung dadurch in den ländlichen Wohngemeinden halten, daß in zumutbarer Entfernung vom Wohnort Arbeitsplätze und qualitativ hochwertige Infrastrukturleistungen in ausgewählten Siedlungsschwerpunkten angeboten werden, oder würde die verstärkte Forderung von wachstumsbegünstigten ‚Kristallisationskernen' geradezu das Gegenteil bewirken und nur die Abwanderung in diese Orte beschleunigen? Ist möglicherweise die beobachtete Zuwanderung in die ländlichen Klein- und Mittelstädte auch nur eine Übergangsphase, in der städtisches Leben zunächst geprobt wird, um dann zu weiterer Abwanderung in die Verdichtungsräume zu führen?

Fast 20 % aller Befragten möchten nach der Umfrage aus ihren derzeitigen Wohnorten wegziehen. Besonders abwanderungsfreudig sind jüngere Erwerbspersonen, Männer, Nichtverheiratete, Einpersonenhaushalte, Erwerbspersonen mit qualifizierten Berufen und höherer Schulbildung, häufige Wohnortwechsler, Pendler.

Die genannten Gründe für eine potentielle Abwanderung enthüllen die Problematik des ländlichen Raumes:
Fast die Hälfte der Abwanderungswilligen (48 %) wünscht den Wohnort deshalb zu verlassen, weil soziale, kulturelle und Einkaufseinrichtungen nach Umfang und Qualität fehlen. Daneben werden die langen Pendelwege beklagt. Weiterhin werden bessere Arbeitsplätze gewünscht (35 %). Interessant für die Raumordnungspolitik und Strukturpolitik ist auch die häufig geäußerte Forderung nach Umschulungs- und Fortbildungseinrichtungen sowie nach weiterführenden Schulen für die Kinder.

Die Abwanderungsbereitschaft hängt überdies vom ‚Verstädterungsgrad' bzw. dem Umfang der bisherigen Mobilität in der Gemeinde ab: Die größere Bereitschaft zum Wohnortwechsel findet man in jenen Gebieten, in denen eine relativ große Fluktuation (Zu- und Abwanderung) über einen längeren Zeitraum bestanden hat. Die Neigung zur Seßhaftigkeit – ausgedrückt im geringen Grad der Abwanderungsbereitschaft – ist am größten in den stärker ländlich orientierten Gemeinden. Offenbar ist dort die soziale Bindung noch sehr stark. Zudem hängt die Abwanderungsbereitschaft vom Erfahrungshorizont und den Kommunikationsmöglichkeiten nach ‚außen' über Freunde, Verwandte oder Arbeitskollegen ab. Diese Kontakte sind bei niedrigen Zuzugsquoten und der häufig in überwiegend agrarischen Gemeinden zu beobachtenden Abkapselung gegenüber ‚Fremden' verständlicherweise gering."

(Auszug aus *Raumordnungsbericht 1972 der Bundesregierung.* Bonn 1972, S. 58/59)

4.2.2. Die Abwanderung aus industriellen Problemgebieten

Die Formel Abwanderungsgebiet = ländliches Gebiet ist unhaltbar. Gerade nach dem 2. Weltkrieg mit der fortschreitenden Rationalisierung und Konzentration der Industrie hat sich gezeigt, daß auch alte Industrie- und Gewerbegebiete sich modernen Erfordernissen nicht anpassen konnten. Sie erhielten nur geringe zusätzliche Wirtschaftsimpulse und führten ihre alten Gewerbezweige weiter. Weite Teile der deutschen Mittelgebirge mit ihren traditionell gewerblichen Standorten erfuhren dabei eine Unterbewertung in der Sicht der Arbeitgeber und Arbeitnehmer, zumal diese Gebiete durch die Grenzziehungen nach dem 2. Weltkrieg größtenteils zu peripheren Grenzräumen wurden.

4.2.3. Die Höhen- und Bergflucht der Bevölkerung

Die wichtige Wanderungserscheinung der Entvölkerung und Entsiedlung mitteleuropäischer Gebirge seit der 2. Hälfte des 19. Jahrhunderts ist gleichsam als ein Pendant zur Industrialisierung und Verstädterung benachbarter Gebiete zu sehen. Damit ist die Höhenflucht ein Prozeß, der durchaus mit ähnlichen Vorgängen bei der Land-Stadt-Wanderung zu vergleichen ist.

Die gegenüber anderen ländlichen Räumen noch zusätzlichen Faktoren der Naturungunst im Gebirge (ungünstige Hanglage, Bodenzerstörungen, Rutschungen, schlechtes Wegenetz) bedingen jedoch eine noch höhere Abwanderungsquote als auf dem flachen Lande. In Anbetracht dieser Ungunstfaktoren ist es auch besser von Bergflucht

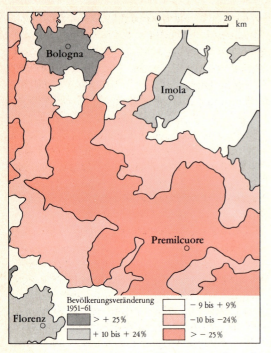

anstelle von Höhenflucht zu sprechen, weil es nicht vorrangig die relative Höhe ist, die Ungunst bewirkt, sondern die allgemein schlechteren Lebensbedingungen im Gebirge.

Während die Bergflucht in den Alpen Österreichs und der Schweiz ihren Höhepunkt bereits im späten 19. Jahrhundert erreichten, sind ähnliche zur Zeit ablaufende Vorgänge von J. Kühne im toskanisch-emilianischen Apennin aufgezeigt worden. Kühne verweist darauf, daß nicht nur die Naturungunst eine Gebirgsentvölkerung bewirkt, sondern wirtschaftliche (Mezzadria-Pachtwirtschaft, Besitzverhältnisse, Einkommenssituation) und soziale Gründe (Bevorzugung nachbarschaftlichen Wohnens) eine ebenso wichtige Rolle spielen.

Abb. 36: Bevölkerungsentwicklung im toskanisch-emilianischen Apennin (nach Kühne)

4.2.4. Die Bevölkerungsballung in Großstädten und Verdichtungsräumen

→ *Atlas*

Abb. 37: Pemilcuore im Apennin — Ausmaß der Entvölkerung (Mai 1967) (nach Kühne)

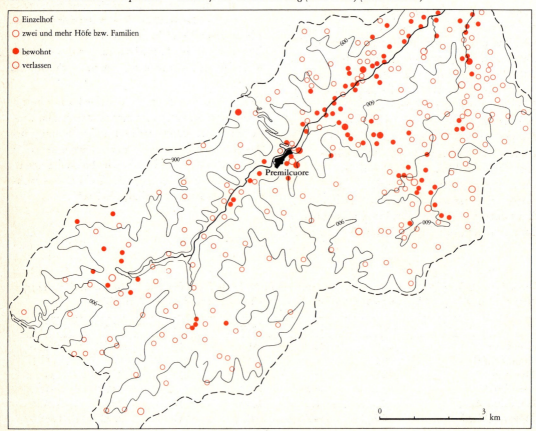

4.2.4.1. Die Sogwirkung der Großstädte und Verdichtungsräume

Eine Karte der Bevölkerungsverteilung zeigt für jeden Industriestaat die charakteristische ungleiche Verteilung der Bevölkerung im Raum mit einer starken Ballung in wenigen Verdichtungsräumen und einer wesentlich geringeren Bevölkerungsdichte in den verbleibenden Gebieten. Die Verstädterung ist eine Erscheinung, die den steigenden Anteil der Stadtbevölkerung an der Gesamtbevölkerung wiedergibt. Durch die Industrialisierung wurde diese Entwicklung stark vorangetrieben. Für Deutschland zeigt uns die Statistik eine enorme Bevölkerungszunahme gerade derjenigen Städte, die von der ersten Industrialisierungswelle überrollt wurden.

→ *Atlas*

Wenn wir auf der einen Seite die Industrie als Lockvogel der frühen Zuwanderung in die Städte ansprechen, müssen wir uns allerdings auch klar sein, daß die Herkunftsgebiete der Wandernden sich in eben dem gleichen Zeitraum in einer Phase des starken Wandels befanden. Die Abnahme der Sterblichkeit auf dem Lande führte zu einem Bevölkerungsdruck; die Beseitigung von Eherestriktionen, die Bauernbefreiung, Maßnahmen der Agrarreform, die Aufhebung von Zunftbeschränkungen und Standesschranken ermöglichten erst die Wanderungen zahlreicher Landbewohner in die Städte und erlaubten ihnen dort in der Industrie Fuß zu fassen. Vor allen Dingen an Rhein und Ruhr kam es durch die großen Zuwanderungen aus den ländlichen Räumen Ostdeutschlands und die sich rasch ausweitende verarbeitende Industrie zu dem ersten größeren zusammenhängenden Ballungsraum Deutschlands. Dieser Verdichtungsvorgang erfaßte danach auch andere Räume Deutschlands, wobei nicht nur wirtschaftliche, sondern auch soziologische Gründe eine Rolle spielten.

Der *Verdichtungsvorgang* setzte sich nach kurzer Unterbrechung durch die Folgen des 2. Weltkriegs bis heute fort.

Die Bevölkerungsballung bildet die Voraussetzung für eine starke Produktionsausweitung und schafft die Grundlage für eine immer fortschreitende Arbeitsteilung. Im Ballungsraum wird eine Vielzahl von Existenzmöglichkeiten geboten; die Tragfähigkeit dieses Raumes ist nur durch die Spezialisierung seiner Industrieunternehmen und Dienstleistungsbetriebe gegeben.

Die Verdichtungsräume erwiesen sich bald als Aktivräume, die in einem Selbstverstärkungsprozeß sich selbst laufend an Fläche und Bevölkerungszahl vergrößerten. Bald erkannte man den Vorteil einer Agglomeration unter anderem darin, daß erst ab einer entsprechenden Größe und ab einem gewissen Konzentrationsgrad an Bevölkerung ein optimales Versorgungsniveau mit Infrastruktureinrichtungen zu optimalen Kosten angeboten werden kann. Nach den heutigen Erkenntnissen sollte der Verdichtungsraum eine Mindestgröße von 300 000 Bewohnern haben, um ein derart optimales Versorgungsniveau zu schaffen. Bei großen Agglomerationen (z. B. Rhein-Ruhr-Verdichtungsraum) stehen nachteilige Wirkungen, besonders auf dem Verkehrs- und Naherholungssektor, immer stärker zu Buche.

Der Agglomerationsprozeß darf jedoch nicht nur unter dem Gesichtspunkt einer industriellen Produktion und einer optimalen Versorgung der Bevölkerung gesehen werden, er ist mindest in ebensolchem Ausmaße auch eine Folge der gesellschaftlichen Entwicklung, die sich in einer erhöhten individuellen Mobilität ausdrückt.

→ *Atlas*

Wachstum der Bevölkerung in deutschen Großstädten (in 1000) (nach L. Ohrt, Die Großstadt als Wanderungsziel; E. Golz, Die Verstädterung der Erde; Stat. Jb. für die Bundesrepublik Deutschland 1973)

	1800	1871	1910	1939	1959	1971
Hamburg	130	290	885	1712	1810	1781,6
Frankfurt/M.	40,5	91	315	353,5	670	657,8
München	40,5	169	588	829,3	1075	1338,4
Dortmund	4	44,4	214,2	542,2	635,2	642,4
Gelsenkirchen	0,5	7,8	169,5	317,5	391,1	344,6
Münster (Westf.)	16,5	34,7	90,2	141	172,7	198,5

„In einer Reihe von Verdichtungsräumen sind dementsprechend verschiedene negative Entwicklungen zu beobachten:

● *Wirtschaftlich einseitig strukturierte Verdichtungsräume sind in hohem Maße krisenanfällig; ohne gezielte Infrastrukturinvestitionen der öffentlichen Hände und ohne Ansiedlung weiterer Wirtschaftsbranchen wird keine ausgeglichenere Wirtschaftsstruktur zu erreichen sein.*

● *Durch die wirtschaftliche Expansion in den Verdichtungsschwerpunkten und die hohen Umweltbelastungen durch die Individualverkehrsströme ergeben sich Überlastungen, die die Vitalsituation der Bewohner eines solchen Verdichtungsraumes beeinträchtigen; diese Nachteile werden nur durch restriktive Maßnahmen oder hohe zusätzliche Investitionen zu beheben sein.*

● *Eine Konzentration der Nutzungsdichte und deren nachteilige Folgen für die Zugänglichkeit der städtischen Kerngebiete legt die Neuordnung der Nutzungen nahe.*

● *Der Verlust an Freiflächen innerhalb der Verdichtungsräume führt zu Beeinträchtigungen der Ausgleichsmöglichkeiten und des Wohn- und Freizeitwertes.*

● *Die Verlagerung bzw. Verdrängung von Wohn- und Gewerbestandorten in den Randzonen der Verdichtungsräume fördert die Zersiedlung und behindert eine wirtschaftliche Nutzung von infrastrukturellen Einrichtungen (einschließlich öffentlicher Massentransportsysteme).*

Dem stehen indessen positive Entwicklungsfaktoren in den Verdichtungsräumen gegenüber:

● *Bei zunehmender Bedeutung und Attraktivität städtischer Lebensformen lassen sich die steigenden Versorgungsansprüche und -erwartungen der Bevölkerung in den meisten Verdichtungsräumen besonders gut realisieren.*

● *Eine Reihe individueller Entfaltungswünsche sind in den Verdichtungsräumen aufgrund des vielfältigen Bildungs-, Arbeits- und Versorgungsangebots eher zu verwirklichen als in dünner besiedelten Gebieten.*

● *Die Erschließung der Arbeits- wie auch der Versorgungsmärkte durch leistungsfähige Nahschnellverkehrssysteme wird erst in Verdichtungsräumen wirtschaftlich.*

● *Die Bedeutungszunahme der allgemeinen Standortqualitäten (Lohn-, Wohn-, Freizeit-, Bildungs- und Prestigewert) für die Arbeitnehmer und für die einzelnen Wirtschaftszweige, wie auch der organisatorisch und technisch bedingte Trend zu größeren Betriebs-, Unternehmens- und Versorgungseinheiten fördern entsprechende Standortentscheidungen für die großen Verdichtungsbänder und -knoten.*"

(Auszug aus *Raumordnungsbericht 1972 der Bundesregierung.* Bonn 1972, S. 63/64)

Die Wanderungsbewegungen sind für die Bevölkerungsentwicklung der Großstädte von besonderer Bedeutung. Bei einer Betrachtung der Salden der natürlichen Bevölkerungsbewegung (Geburten- und Sterbefälle) mit denen der Wanderungen ergeben sich für die Jahre 1954–1963 folgende Verhältnisse:

Prozentualer Anteil der Wanderungen bzw. des natürlichen Bevölkerungszuwachses an der Veränderung der Gesamtbevölkerung (nach O. Boustedt, Bedeutung und Problem der Bevölkerungsprognose. In: Forschungs- und Sitzungsbericht der Akad. für Raumforschung und Landesplanung, Bd. 29. Hannover 1965, S. 9/10)

	Wanderungen	natürlicher Bevölk.-zuwachs
im Bundesgebiet	49 %	51 %
in 16 Großstädten	85 %	15 %

„Gemäß einer Entschließung der Ministerkonferenz für Raumordnung wurden 1968 24 Verdichtungsräume festgelegt. Dies sind Räume, in denen 1961 die Summe der Einwohner und der Beschäftigten in nichtlandwirtschaftlichen Arbeitsstätten einen Dichtewert (Einwohner-Arbeitsplatzdichte) von 1250 pro km² übersteigt. Ferner werden darin noch angrenzende Gemeinden mit geringerer Einwohner-Arbeitsplatzdichte, aber einem überdurchschnittlichen Bevölkerungswachstum in den Jahren 1961–1967 erfaßt. Schließlich werden noch einige Mindestgrößen gefordert: 100 km² Fläche, 150 000 Einwohner und eine Durchschnittsdichte von wenigstens 1000 Einw./km²."

(nach Schliebe, K., u. H. D. Teske, *Verdichtungsräume – eine Gebietskategorie der Raumordnung.* In: *GR* 22, 1970, S. 347–352)

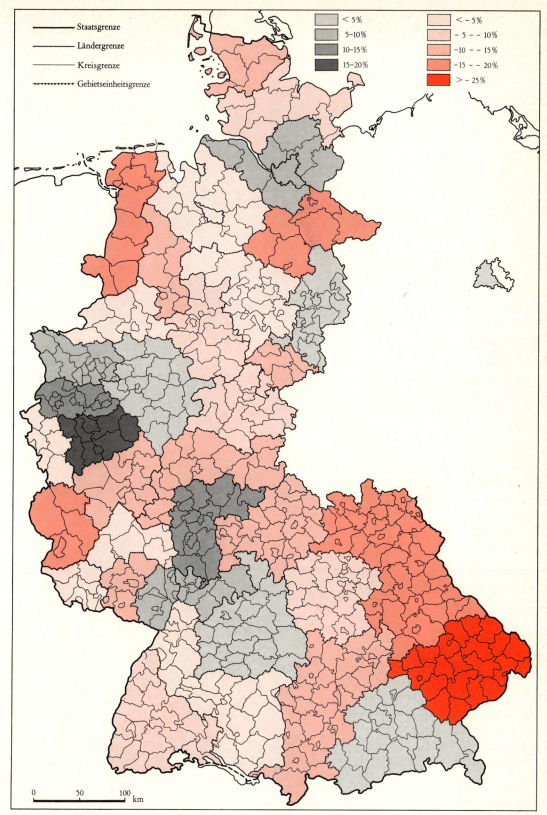

Abb. 38: Unterschied der Lohn- und Gehaltssumme je Beschäftigten zum Bundesdurchschnitt 1969 (in %) (nach ‚Deutscher Bundestag — 6. Wahlperiode', Drucksache VI/3793)

Bevölkerung und Bevölkerungsdichte in den 24 Verdichtungsräumen der Bundesrepublik Deutschland (Abgrenzung gemäß Beschluß der Ministerkonferenz für Raumordnung vom 21.11.1968) (nach Raumordnungsbericht 1972 der Bundesregierung. Bonn 1972, S. 26)

Verdichtungsraum	Bevölkerung am 1.1.1970 in 1000 Einw.	Einw./km²	Veränderung Einw./km² von 1961–1970
Rhein-Ruhr	10 527	1 624	+ 83
Rhein-Main	2 467	1 261	+ 160
Hamburg	2 089	2 013	+ 64
Stuttgart	2 109	1 218	+ 150
München	1 591	2 591	+ 518
Rhein-Neckar	1 129	1 116	+ 104
Nürnberg	819	2 172	+ 191
Hannover	727	2 345	+ 87
Bremen	717	1 526	+ 126
Saar	661	1 107	+ 22
Aachen	491	1 320	+ 70
Bielefeld-Herford	478	1 019	+ 113
Augsburg	338	1 397	+ 141
Karlsruhe	330	1 398	+ 123
Kiel	315	2 032	+ 32
Braunschweig	301	2 246	− 38
Kassel	276	1 227	+ 120
Lübeck	259	1 116	+ 18
Koblenz-Neuwied	261	1 008	+ 66
Münster	226	2 283	+ 303
Osnabrück	193	1 222	+ 108
Freiburg/Br.	181	1 724	+ 248
Siegen	178	718	+ 81
Bremerhaven	159	1 486	+ 84
Gesamt	26 822	1 521	+ 117

→ *Atlas*

Als Beispiel für die heute noch ablaufenden Land-Stadt-Wanderungen soll eine Karte mit den Zu- und Fortzügen der Landkreise Aschendorf-Hümmling, Vechta, Cloppenburg und Bersenbrück (östl. Niedersachsen) stehen. Sie zeigt eindeutig die Dominanz der Fortzüge in die Groß- und Mittelstädte Norddeutschlands, während die Zuzüge in dieses Gebiet vorrangig aus den östlichen Nachbarkreisen erfolgen.

Der Verdichtungsraum stellt ein Zentrum der größten Wohnort- und Arbeitsplatzmobilität dar, das sein unmittelbares Umland in stärkstem Maße mit einbezieht. U. Baldermann stellt fest, daß sich im nahen Umkreis (ca. 40 km) um die Städte eine Zone intensiver Wanderungsverflechtungen lagert. Dabei übertreffen innerhalb dieser Zone die Fortzüge aus der Großstadt die Zuzüge in die Großstadt deutlich – ein erster Hinweis, daß es innerhalb des Verdichtungsraumes zu sehr differenzierten Wanderungen kommt.

Zu- und Fortzüge ausgewählter Städte an der Bundesbinnenwanderung im Umkreis von 40 km und im Umkreis von 40–60 km; 1965 (in %) (U. Baldermann, Wanderungsverlauf und Einzugsbereich westdeutscher Großstädte. In: Forschungs- und Sitzungsberichte der Akad. für Raumforschung und Landesplanung, Bd. 55. Hannover 1970, S. 77–97)

	Zuzüge im Umkreis von 40 km	Fortzüge im Umkreis von 40 km	Zuzüge im Umkreis von 40–60 km	Fortzüge im Umkreis von 40–60 km
Hamburg	23,9	37,1	4,7	3,3
Bremen	25,9	27,0	8,4	6,4
Hannover	32,0	51,4	9,7	6,6
Frankfurt	30,0	48,3	8,1	7,3
Nürnberg	32,5	41,9	11,0	8,2
Stuttgart	36,7	48,6	7,1	6,6
München	19,4	31,4	8,1	8,4
Gesamt	27,2	41,4	7,7	6,6

Wohnbevölkerung, deutsche Bevölkerung und Ausländer in den Großstädten über 300 000 Einwohner (Raumordnungsbericht 1972 der Bundesregierung, Bonn 1972, S. 27)

	Wohnbevölkerung 1970 in 1000 Einw.	Zu- bzw. Abnahme (—) von 1967–1970 (in %) Wohnbev. insgesamt	davon Deutsche	Ausländer
Berlin	2134,3	− 2,3	− 5,8	152,4
Hamburg	1817,1	− 1,6	− 3,4	50,5
München	1326,3	7,3	6,1	16,2
Köln	866,3	0,8	− 2,5	59,0
Essen	704,8	− 1,6	− 2,8	54,2
Düsseldorf	680,8	− 2,3	− 4,5	36,5
Frankfurt	660,4	− 2,7	− 8,2	63,0
Dortmund	648,9	− 0,9	− 2,5	82,3
Stuttgart	628,4	0,5	− 4,5	56,4
Bremen	607,2	0,9	− 0,6	78,8
Hannover	517,8	− 4,2	− 6,7	68,6
Nürnberg	477,1	1,6	− 3,0	112,4
Duisburg	457,9	− 4,2	− 6,5	57,2
Wuppertal	414,7	− 1,4	− 4,4	90,4
Gelsenkirchen	348,6	− 3,8	− 5,6	73,8
Bochum	346,9	− 2,0	− 3,7	120,0
Mannheim	330,9	1,7	− 3,9	75,8

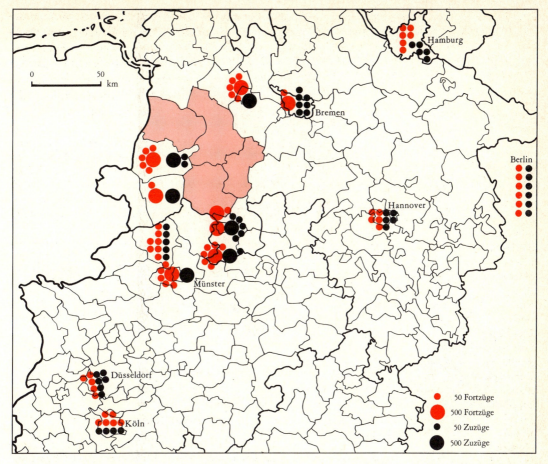

Abb. 39: Zu- und Fortzüge der Landkreise Aschendorf-Hümmling, Vechta, Cloppenburg und Bersenbrück 1956/66 nach Herkunfts- und Zielkreisen (nach K. Schwarz)

Als gemeinsames Kennzeichen der Binnenwanderung in die Großstädte läßt sich feststellen:

● Die Intensität der Wanderungsverflechtung nimmt mit wachsender Entfernung ab.

● Die Größe des Einzugsbereichs wird maßgeblich von der Einwohnerzahl der entsprechenden Stadt bestimmt.

● Über große Entfernungen kommt es fast nur noch zu einer Wanderung von einem Verdichtungsraum in den anderen, wobei die Attraktivität der Städte bzw. Verdichtungsräume die entscheidende Rolle spielt.

Obwohl nahezu alle Verdichtungsräume bis zum heutigen Zeitpunkt in mehr oder minder raschem Tempo wachsen, erlaubt ein etwas detaillierterer Ansatz eine Differenzierung in die Kernstädte mit meist abnehmender Bevölkerungszahl (Ausnahme: München) und in die randstädtischen Verdichtungsräume mit stark zunehmender Bevölkerung.

Nur die starke Zuwanderung von ausländischen Arbeitskräften in die Großstädte verdeckt eine noch deutlichere Abwanderungstendenz der deutschen Bevölkerung aus den Großstädten.

4.2.4.2. Zur Standortgunstbewertung der Verdichtungsräume

Die starke Anziehungskraft von Verdichtungsräumen wirft die Frage auf, welche Attraktivitäten die Kernstädte und ihre Verdichtungszone zu bieten haben, die sie für weite Bevölkerungsteile so anziehend machen. Grundsätzlich muß man dabei allerdings betonen, daß man nicht von

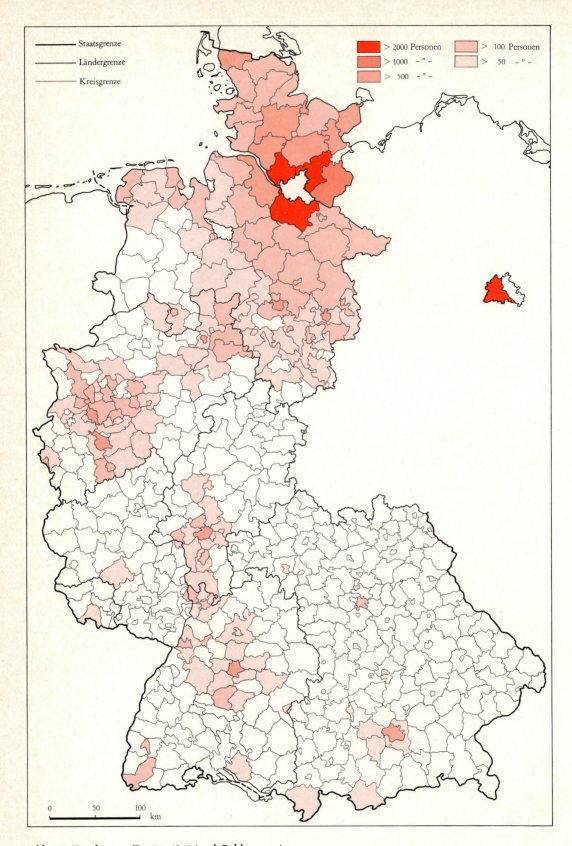

Abb. 40: Hamburg — Zuzüge 1965 (nach Baldermann)

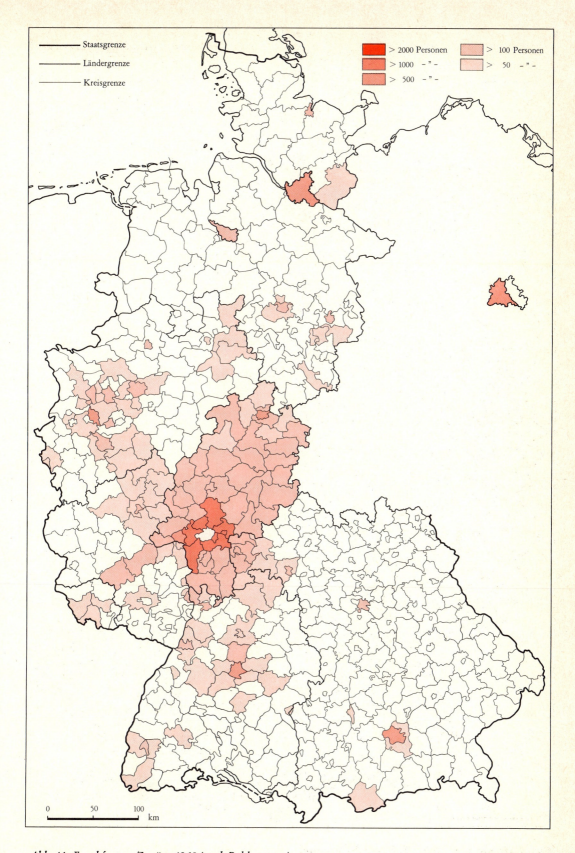

Abb. 41: Frankfurt — Zuzüge 1965 (nach Baldermann)

einer generellen Attraktivität von Großstädten oder Verdichtungsräumen sprechen kann, sondern auf einzelne Ballungen beziehen muß.

Vom wirtschaftlichen Standpunkt aus erscheinen die Orte mit einem breiten und ausgewogenen Spektrum von Wirtschaftszweigen und einem hohen Anteil von Wachstumsindustrien (Chemische Industrie, Elektroindustrie, elektronische Industrie etc.) gegenüber denjenigen Räumen begünstigt, die einseitig (z. B. auf Bergbau und Schwerindustrie) strukturiert sind und geringes wirtschaftliches Wachstum aufweisen. Für den Arbeitsmarkt resultiert daraus, daß in ersterem Fall ein verlockendes, vielseitiges und ständig sich ausweitendes Stellenangebot vorherrscht, während im zweiten Fall die industriell-gewerbliche Monostruktur einen engen und wenig erweiterungsfähigen Arbeitsmarkt bedingt.

Vom gesellschaftlichen Standpunkt aus scheinen Orte mit einer angenehmen Wohn- und Freizeitqualität einschließlich günstiger Naherholungsmöglichkeiten denjenigen Orten, die in dieser Hinsicht nicht so hoch bewertet werden, den Rang abzulaufen. Besonders höher qualifizierte Berufsgruppen betonen Wohn-, Freizeit- oder Bildungsmöglichkeiten bei der Beurteilung des Prestigewertes einer Gemeinde. Dieser Prestigewert einer Stadt wird dann vielfach mit der unwägbaren „Atmosphäre" einer Stadt oder dem oft irrational scheinenden „Image" eines Raumes ausgedrückt.

Neuere geographische Untersuchungen versuchen mit Methoden der empirischen Sozialforschung diese oft schwärmerisch verwendeten Begriffe operationalisierbar zu machen.

Frage an 6053 Schüler der Oberklassen westdeutscher Gymnasien in repräsentativem regionalen Querschnitt:

„Wenn Sie die freie Wahl hätten, sich in den nächsten Jahren irgendwo in der Bundesrepublik niederzulassen, in welcher Gegend würden Sie am liebsten leben wollen?"

	Nennungen
München	1843
Hamburg	330
Frankfurt	318

Frage: „Welche der hier aufgeführten Eigenarten treffen auf diese (die von Ihnen gewählte) Wohngegend zu?"

Wohnortqualitäten	Potentielle Zuwanderer		
	München (n=1843)	Hamburg (n=330)	Frankfurt (n=318)
	in %		
I. Berufs- und Arbeitsmöglichkeiten			
wirtschaftl. Zentrum	54	80	72
gute berufl. Möglichk.	82	88	80
II. Kultur und Bildung			
kultureller und künstler. Mittelpunkt	86	69	62
ausgebautes Bildungswesen	69	76	67
III. Freizeitmöglichkeit			
Urlaubs- und Freizeitatmosphäre	27	10	11
viele Möglichkeiten zur Erholung	59	33	38
reiche Auswahl an Unterhaltungs- und Freizeitangebot	81	80	66
IV. Sozialklima			
Aufgeschlossenheit und Weltoffenheit	68	79	66
gemütliche, charmante Lebensart der Bewohner	70	21	27
Weltstadtatmosphäre	86	94	71

(aus G. Ruhl, *Das Image von München als Faktor für den Zuzug. Münchner Geographische Hefte*, Nr. 35, 1971)

H. Monheim will in seiner Untersuchung die Attraktivität von Großstädten dadurch klären, daß er Unternehmer der Bundesrepublik Deutschland nach ihren vollzogenen oder potentiellen Standortverlagerungen befragt. Als ein Beispiel für die Differenzierung der Attraktivität von Verdichtungsräumen sei die Erfassung der Arbeitsortpräferenz angesprochen. Dabei waren die Metropolen zu nennen, in der der Befragte am liebsten eine attraktive Berufstätigkeit ausüben würde, und die Metropolen, in denen der Befragte trotz Angebots einer attraktiven Berufstätigkeit nur sehr ungern arbeiten würde.

In welch starkem Maße sich diese Vorstellungen über Arbeitsortpräferenzen realisieren, zeigt H.

Monheim an den Veränderungen des Bürobetriebsstandes zwischen den Jahren 1967 und 1972. Dabei zeigt sich, daß offensichtlich gerade gehobene Dienstleistungsbetriebe und deren Angestellte den Prestigewert eines Standortes in die Wahl ihres Arbeitsortes einbeziehen.

Die Veränderung des Bürobetriebsbestandes 1967 bis 1972 (H. Monheim, Zur Attraktivität deutscher Städte. WGI-Berichte zur Regionalforschung H. 8, München 1972, S. 89)

	Bestand 1972	1967	Veränderung in % des Bestandes 1967
Berlin	3231	3270	1,2
Dortmund	366	310	— 15,2
Düsseldorf	2350	2490	5,9
Essen	555	520	— 6,3
Frankfurt	3022	2992	— 1,0
Hamburg	3460	3720	7,5
Hannover	984	949	— 3,6
Köln	1620	1565	— 3,4
München	2850	3250	14,0
Nürnberg	630	580	— 7,9
Stuttgart	1850	1929	4,3

Prestigebewertungen und Standortpräferenzen sind insofern von großer Bedeutung, weil sie bei positiver Einschätzung in der Regel einen Bevölkerungsanstieg durch Zuzug hervorrufen.

4.2.4.3. Wanderungen innerhalb des Verdichtungsraumes

Neben der Wanderung in die Verdichtungsräume, denen die verschiedensten Ursachen zugrundeliegen, treffen wir gerade auch innerhalb der Verdichtungsräume auf viele Wanderungsprozesse, die zu einer laufenden Umschichtung und sozialen Veränderung der städtischen Bevölkerung in verschiedenen Stadtgebieten führen.
Bei den Mobilitätsprozessen innerhalb der Verdichtungsräume lassen sich zwei wichtige, sich ergänzende Vorgänge unterscheiden:
a) Die Wanderung vom Stadtkern zum Stadtrand
b) Der Bevölkerungszuzug in den Stadtkern

a) Die Wanderung vom Stadtkern zum Stadtrand

→ Atlas

Hierbei wandern besonders Familien aus dem Kernstadtbereich in die Neubaugebiete des Stadtrands. Als Gründe für diese Bewegung werden angegeben:

● Die Ausdehnung von City und Gewerbegebieten im Stadtzentrum verdrängt die Wohnfunktion in den zentralen Teilen (Cityentleerung); vor allem können Dienstleistungsbetriebe in der Innenstadt höhere Mieten bezahlen als Wohnungsmieter. So wird die City tagsüber von einer hohen Bevölkerungszahl frequentiert, wogegen hier nachts aufgrund der geringen Wohnungssubstanz relativ wenig Menschen zu finden sind.

● Der Altbaubestand des Stadtzentrums (häufig fallen City und Altstadtgebiet zusammen) entspricht nicht mehr den gestiegenen Wohnraumansprüchen.

● Das „Wohnen im Grünen" stellt sich als dominanter Wohnwunsch von Familien mit Kindern dar.

● Je besser die Verkehrsverbindungen zur Innenstadt (Stätte der Arbeit, des periodischen Einkaufs) sind, desto weiter entfernt vom Stadtzentrum dehnen sich die Wohngebiete aus.

● Die räumliche Trennung von Arbeitsstätte und Wohnplatz entspricht einer heute geübten sozialen Einstellung (vgl. dagegen das Konzept der Gründerzeit – ca. 1875–1910 – mit der engen räumlichen Verzahnung von Gewerbebetrieb und Wohnstätte; nahezu jede deutsche Großstadt weist noch heute aus jener Zeit stammende Gewerbeviertel mit einer hohen Wohnverdichtung auf).

● Die Naherholungsmöglichkeiten lassen sich durch ein Wohnen am Stadtrand besser realisieren.

● Am Stadtrand sind billigere Bodenpreise für Wohngrundstücke und niedrigere Mietpreise zu bezahlen.

Ein einfaches Hilfsmittel zur Analyse und Typisierung demographischer Prozesse ist der „Migrationsbaum". Er gibt, aufgegliedert nach Altersgruppen, den Saldo der Zu- bzw. Abwanderung eines Gebietes wieder. Stellt man in zeitlichen Querschnitten mehrere Migrationsbäume nebeneinander, so lassen sich dabei deutlich die Umschichtungsprozesse innerhalb einer Gemeinde oder einer Region darstellen.

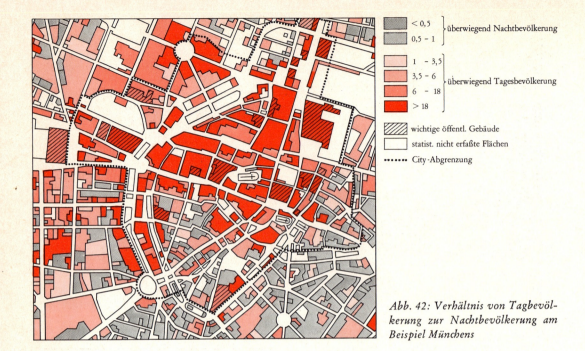

Abb. 42: *Verhältnis von Tagbevölkerung zur Nachtbevölkerung am Beispiel Münchens*

Als Beispiel des Randwanderungsprozesses sollen hier die von F. Schaffer für die Gemeinde Aufheim (Randgemeinde in der Region Ulm) aufgestellten Migrationsbäume verglichen werden.

Deutlich zeigt sich der Wandel einer Randgemeinde, die 1956 noch durch eine Abnahme fast aller Altersgruppen gekennzeichnet war, zu einer attraktiven Wohngemeinde der Region Ulm mit Zuwanderung aller Altersgruppen im Jahre 1968. Im starken Zuzug der 20- bis 30jährigen und in der jüngsten Zuwanderung der im Kindesalter Befindlichen zeigt sich die Wohnattraktivität der Gemeinde für junge Familien.

b) Bevölkerungszuzug in die Stadtkerne

Gleichsam als eine Art Ausgleichsbewegung kommt es zu einem selektiven Zuzug von Bevölkerungsgruppen in die Kernbereiche der Städte. An diesem Wanderungsprozeß sind besonders Einzelpersonen, Gastarbeiter und Studenten beteiligt. Ein wesentliches Kennzeichen dieser Bevölkerungsgruppen ist ihre hohe Mobilität, d. h. der häufige Zuzug und Wegzug (vgl. Mobilitätswerte bei der Stadtbevölkerung).

Alle Arbeiten, die sich mit städtischen Wanderungsströmen befassen, heben die hohe Mobilität der Altersgruppe der 20- bis 35jährigen hervor.

Abb. 43: *Migrationsbäume im Randwanderungsprozeß (Aufheim) (nach Schaffer)*

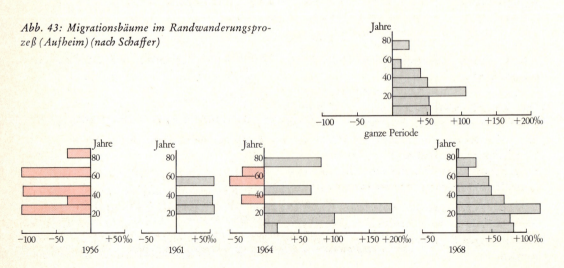

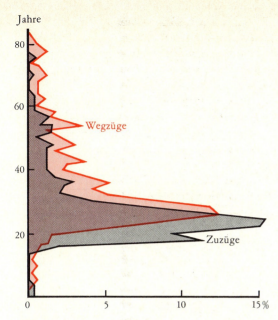

Abb. 44: Altersstruktur der wandernden Ein- und Mehrpersonenhaushalte in der Stadt München 1967 (nach Ganser)

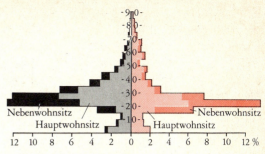

Abb. 45: Altersaufbau der zuziehenden Personen 1965—1969 für Bonn (nach Böhm)

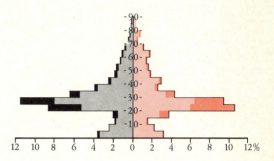

Abb. 46: Altersaufbau der fortziehenden Personen 1965—1969 für Bonn (nach Böhm)

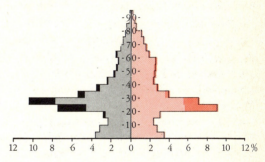

Abb. 47: Altersaufbau der umziehenden Personen 1965—1969 für Bonn (nach Böhm)

Die Altersgruppe der 20- bis 35jährigen tritt mit 56 % bei den Zuzügen, 51 % bei den Fortzügen und 44 % bei den Umzügen deutlich in Erscheinung. Eine Betrachtung der mit Hauptwohnsitz in Bonn Gemeldeten läßt für die Gruppe der 20- bis 25jährigen einen Wanderungsgewinn erkennen; bei fast allen anderen Altersgruppen überwiegt die Abwanderung aus Bonn die Zuwanderung. Der hohe Anteil der unter 15jährigen am Wanderungsdefizit ergibt sich durch die hohe Fortzugsrate junger Familien in die Umlandgemeinden Bonns.

4.2.4.4. Zonen unterschiedlicher Mobilität in den Städten

Die Tatsache, daß bestimmte Bevölkerungsgruppen eine sehr hohe Mobilität aufweisen und bei ihren Wanderungen schichtenspezifische Zielgebiete bevorzugen, führt zu dem sehr interessanten geographischen Phänomen von Zonen unterschiedlicher Mobilität in den Städten.

F. Schaffer und K. Ganser sind dieser Fragestellung in einigen ihrer Arbeiten nachgegangen. Ihre wichtigen Ergebnisse sollen hier aufgezeigt werden.

Als „mobilitätsintensive Gebiete" einer Stadt sind anzusprechen

- die Innenstadt
- der wachstumsintensive Stadtrand
- die stadtnahen Umlandgemeinden.

„Die eingehendere Analyse der regionalen Mobilitätsprozesse zeigt, daß sie fast immer selektiv verlaufen. Am Wanderungsvorgang nehmen überwiegend junge, beruflich besser ausgebildete, aufstiegswillige und risikofreudige Personen teil. Mehr als 60 % aller wandernden Personen sind unter 35 Jahre alt, vorwiegend alleinstehend und erwerbstätig.

Mobilitätsintensive Zuwanderungsgebiete zeichnen sich daher durch einen zonal veränderten Altersaufbau mit einer Betonung der Jahrgänge zwischen 16 und 35 Jahren aus. Als Folgewirkung ist auch die Zahl der jungen Ehen und damit der Geburtenüberschuß beträchtlich. Der Erwerbstätigkeitsgrad ist überdurchschnittlich hoch und steigt in der Regel auf weit über 50 %/o an. Das Berufsspektrum ist vielfältig und mit einem hohen Anteil neuer und aussichtsreicher Berufe besetzt. Das Einkommen der Bewohner und damit die Kaufkraft dieser Gebiete ist außergewöhnlich hoch. Zuwanderungsgebiete verfügen daher auch über ein attraktives Arbeitsplatzpotential für Betriebe mit hochqualifizierten Arbeitsplätzen, über eine höhere Steuerkraft und ein erneuerungsfreundliches Sozialklima."

(aus K. Ganser 1970, S. 54)

Über diese allgemeine Charakterisierung mobilitätsintensiver Stadtgebiete hinaus, lassen sich für die einzelnen Teilräume noch spezifische Mobilitätsvorgänge verfolgen.

a) Die Innenstadt ist geprägt durch sehr hohe Zuwanderungsquoten von Einzelpersonen, die in der Stadt Arbeit suchen oder das Bildungsangebot wahrnehmen. Jüngere Arbeitskräfte und Studenten sind ein hochmobiler Personenkreis, der häufig in Untermiete wohnt und öfter seine Wohnung innerhalb der Stadtmitte wechselt. Die Zweitwohnsitze sind gerade in der Innenstadt am stärksten vertreten.

Eine vergleichende Betrachtung der Innenstädte gibt auch den Hinweis, daß in diesen Stadtteilen häufig eine stärkere Wohnkonzentration ausländischer Arbeiter zu finden ist.

Die Innenstadt erweist sich als eine wichtige Auffangstation der in einen Verdichtungsraum zuwandernden Arbeitskräfte, gleichzeitig wirkt sie als eine Schaltstation für einen Aufbruch an den Stadtrand oder in die Umlandgemeinden.

b) Die Neubaugebiete des Stadtrandes und die rasch wachsenden Umlandgemeinden sind durch einen starken Bevölkerungszuzug charakterisiert. Familiengerechte Wohnungen werden hier für junge Ehepaare angeboten. Sind in der Innenstadt in der Regel Einpersonenhaushalte der jungen Generation vorherrschend, so dominieren in den Neubaugebieten junge Familien mit Kindern.

„Die demographische Struktur dieser Wohngebiete ist extrem zu den jungen Jahrgängen verschoben. Nach der hohen Mobilitätsquote der Erstbesiedlungsphase sinkt die Austauschrate sehr schroff ab."

(aus K. Ganser 1970, S. 69)

Besondere Probleme für die Neubaugebiete mit hohem Anteil von Eigenheimen und Eigentumswohnungen stellt das Beharren der Bevölkerung in ihren Wohnungen dar. Die einseitige Bevölkerungszusammensetzung – in den ersten Jahren dominieren Ehepaare um 30 Jahre mit Kindern der jüngsten Altersstufe – schreibt sich fort. Nach 15 Jahren ist der Anteil der Kleinkinder sehr gering, der Anteil der Besucher weiterführender

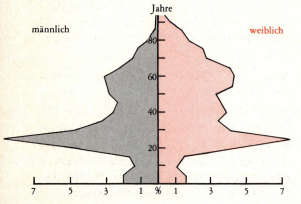

Abb. 48: Altersaufbau der Wohnbevölkerung in der City und am Cityrand Münchens 1971 (nach Ganser)

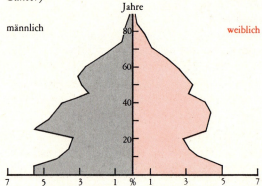

Abb. 49: Altersaufbau der Wohnbevölkerung in den Neusiedlungsgebieten des Stadtrandes und der kernstadtnahen Umlandgemeinden Münchens 1961 (nach Ganser)

Schulen aber relativ hoch. Das hat besondere Konsequenzen für die Planung von Kindergärten, Spielplätzen, Grundschulen und weiterführenden Schulen. Die Gefahr, daß diese Einrichtungen nur immer für wenige Jahre von einer „durchlaufenden Altersschicht" voll genutzt werden und danach nicht mehr, ist groß. Für die Bevölkerungsentwicklung in den Stadtrandbereichen erscheinen diese ausgeprägten kurzfristigen Wechsellagen schlechthin charakteristisch zu sein, so daß man auch das Schlagwort vom „zyklischen Wachstum" der Städte verwendet hat.

Als „wanderungsschwache Gebiete" einer Stadt sind anzusprechen

- alte Wohnviertel
- alte Dorfkerne von städtischen Umlandgemeinden.

Diese Gebiete sind in der Regel durch eine Überalterung der Bevölkerung gekennzeichnet. Die einseitige Sozialstruktur bringt Probleme.

a) Die gründerzeitlichen Wohnviertel vom Ende des 19. Jahrhunderts sind die Zeugen eines städtischen Verdichtungsprozesses jener Zeit. In den dicht bebauten Wohngebieten lebten damals – ähnlich der heutigen Situation in den Neubaugebieten – junge Familien mit zahlreichen Kindern. Die in diesen Wohnvierteln geborene Generation ist heute alt geworden; der Anteil der über 50-jährigen ist relativ hoch. Mit dieser einseitigen Altersstruktur korreliert eine berufliche Einseitigkeit, eine geringe Erwerbstätigkeit und eine unterdurchschnittliche Kaufkraft der Bewohner.

Abb. 50: Altersaufbau der Wohnbevölkerung in gründerzeitlichen Wohnvierteln Münchens 1961 (nach Ganser)

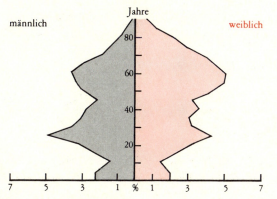

Zu dieser einseitigen Sozialstruktur trägt bei, daß der Wohnstandort für neuzuziehende Personen wenig attraktiv ist. Dichte Bebauung, Hinterhöfe und mangelhafte sanitäre Ausstattung entsprechen nicht den heutigen Wünschen nach Wohnkomfort.

b) Alte Dorfkerne sind in der Regel Räume von geringer Attraktivität. Aufgrund ihrer gewerblichen und landwirtschaftlichen Tradition sind sie heute „Funktionsräume auf einem Abstellgleis". Dies dokumentiert sich in der selektiven Abwanderung junger Jahrgänge, die in andere Berufe überwechseln. So machen sich auch in den alten Dorfkernen bei sehr geringem Zuzug eine zunehmende Überalterung und abnehmende Geburtenüberschüsse bemerkbar. Ähnlich den gründerzeitlichen Vierteln treffen wir auf ein einseitiges Berufsspektrum und auf oft mangelnde wirtschaftliche Aktivität.

Schaffer stellt zu den innerstädtischen Wanderungen fest:

„Es muß offenbar innerhalb der Stadt eine von Viertel zu Viertel wechselnde Kombination von sozio-ökonomischen Merkmalen der Bevölkerung, ihrer Wohnungen usw. geben, die dazu beiträgt, daß Mobilitätsprozesse aktiviert oder verlangsamt werden."

(aus F. Schaffer, 1972)

In seinen Untersuchungen der Stadtviertel geht auch er davon aus, daß es möglich sein müßte, Gebiete mit einer Anfälligkeit zur Mobilität herauszufinden. Zur Aufklärung des Systemzusammenhangs fragt er nach den Wanderungsmotiven und den damit verbundenen abhängigen Variablen, die es zu erkennen gilt.

So führt Schaffer an:

- Bei einer wohnungsorientierten Wanderungsmotivation gilt es Angaben über Qualität, Ausstattung, Größe, Preis, Alter der Wohnung und bestimmte Kriterien des Wohnverhaltens zu sammeln.

- Bei einer persönlichen (familiären) Motivation gewinnen Angaben über den Lebenszyklus der Familien und Haushalte, Daten über Alter, Familienstand usw. an Aussagekraft.

- Bei arbeits- und berufsorientierten Motivationen sind die Stellung im Beruf, die soziale Schichtung, die Zugehörigkeit zu Wirtschaftszweigen usw. als Kriterien von Bedeutung.

„Die Verlaufsformen der räumlichen Mobilität lassen die Wanderungsprozesse als wesentliche bevölkerungsgeographische Differenzierungsvorgänge der Stadt erkennen. Die ‚Viertelsgliederung‘ erscheint als Zwischenresultat ineinandergreifender sozialer, wirtschaftlicher und räumlicher Prozesse. Der räumliche Prozeß des Wanderungsgeschehens ist nicht nur nach einzelnen ‚Strömen‘ (Distanzen) und sozialen Gruppen unterschiedlich motiviert, er bewirkt darüber hinaus in den Teilgebieten der Stadt regelhafte Umschichtungen der Bevölkerungsstruktur. Schließlich gibt es innerhalb der Stadt eine von Baublock zu Baublock wechselnde Kombination sozioökonomischer Merkmale der Bevölkerung und ihrer Lebenssituation, die zur Entstehung von Räumen unterschiedlicher Anfälligkeit für Mobilitätsprozesse führt."

(aus F. Schaffer 1972, S. 48)

Mittels „Mobilitätsbilanzen" lassen sich die Wanderungsvorgänge in ihrer sozial-beruflichen Differenzierung festhalten. Dabei werden die den jeweiligen sozialen Gruppen (z. B. Rentner, Arbeiter, Angestellte, Selbständige etc.) zugeordneten Hauhaltungen eines Gebietes erfaßt und unterteilt in Immobile (Haushaltungen, die im Verlauf eines Jahres ihre Wohnung nicht gewechselt haben) und Mobile. Wanderungsgewinne und -verluste einzelner sozialer Gruppen werden zusätzlich eingetragen.

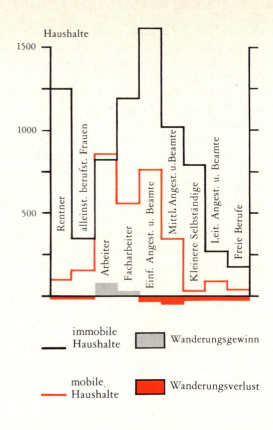

Abb. 51: Mobilitätsbilanz nach Sozialgruppen am Beispiel der Ulmer Innenstadt 1968 (nach Schaffer)

Weiterführende Literatur

1. U. Baldermann, *Wanderungsverlauf und Einzugsbereich westdeutscher Großstädte*, in: Beiträge zur Frage der räumlichen Bevölkerungsbewegung. Forsch.- und Sitz.-Berichte der Akad. f. Raumforschung und Landesplanung, Bd. 55, 1970.
2. K.-M. Bolte (Hrsg.), *Deutsche Gesellschaft im Wandel*, Bd. 1, Opladen 1969.
3. K. Ganser, *Die Entwicklung der Stadtregion München unter dem Einfluß regionaler Mobilitätsvorgänge*, in: Mitt. d. Geogr. Ges. in München, Bd. 55, 1970.
4. E. Golz, *Die Verstädterung der Erde. Fragenkreise.* Paderborn 1966.
5. D. Herold, *Die weltweite Vergroßstädterung. Ihre Ursachen und Folgen aus der Sicht der Politischen Geographie.* Abh. d. 1. Geogr. Inst. d. FU Berlin, Bd. 19, 1972.
6. K. Horstmann, *Die Land-Stadt-Wanderung der EWG-Länder im Spiegel der Statistik*, in: Raumforschung und Raumordnung, 24/1966.
7. F. Lenz-Romeiß, *Die Stadt — Heimat oder Durchgangsstation.* München 1970.
8. P. Möller, *Tendenzen der Bevölkerungsentwicklung im Raume Hamburg seit 1960*, in: Geogr. Taschenbuch 1970/72.
9. H. Monheim, *Zur Attraktivität deutscher Städte.* WGI-Berichte zur Regionalforschung, H. 8, München 1972.
10. L. Ohrt, *Die Großstadt als Wanderungsziel*, in: Gegenwartskunde, 1964.

11. G. Ritter, *Landflucht und Städtewachstum in der Türkei*, in: *Erdkunde 26/1972*.
12. G. Ruhl, *Das Image von München als Faktor für den Zuzug*, in: *Münchner Geogr. Hefte 35/1971*.
13. F. Schaffer, *Prozeßtypen als sozialgeographisches Gliederungsprinzip*, in: *Mitt. d. Geogr. Ges. in München*, Bd. 56, 1971.
14. F. Schaffer, *Faktoren und Prozeßtypen räumlicher Mobilität*, in: *Münchner Studien zur Sozial- und Wirtschaftsgeographie 8/1972*.
15. F. Schaffer, *Tendenzen städtischer Wanderungen*, in: *Mitt. d. Geogr. Ges. in München 57/1972*.
16. K. Schliebe/H.-D. Teske, *Verdichtungsräume in West- und Mitteldeutschland. Ein innerdeutscher Vergleich*, in: *Raumforschung und Raumordnung 27/1969*.
17. P. Schöller, *Städte als Mobilitätszentren westdeutscher Landschaften*, in: *Verh. d. 32. Dt. Geogr.-Tages Berlin 1959*, Wiesbaden 1960.
18. P. Schöller, *Wanderungszentralität und Wanderungsfolgen in Japan*, in: *Erdkunde 27/1973*.
19. K. Schwarz, *Neuere Erscheinungen der Binnenwanderung mit Beispielen*, in: *Forsch.- und Sitz.-Berichte der Akad. f. Raumforschung und Raumordnung, 55/1970*.
20. G. Schweizer, *Bevölkerungsentwicklung und Verstädterung im Iran*, in: *GR 23/1971*.
21. H.-G. Wagner, *Bevölkerungsentwicklung im Maghreb*, in: *GR 23/1971*.

Arbeitsthemen und Referate

Die Städte in der Rolle als Zentren der Mobilität
Die weltweite Vergroßstädterung als Folge der Wanderungsvorgänge
Die innerstädtische Mobilität
Die Erfassung von Wanderungsvorgängen in Migrationsbäumen und Wanderungsbilanzen
Soziale und wirtschaftliche Probleme der Abwanderungsgebiete

Abwanderung — Zuwanderung — Wanderungsbereitschaft — soziale Selektion — Verstädterung — Bevölkerungsballung — Verdichtungsvorgang — Agglomeration — Binnenwanderung — Image eines Ortes — Prestigewert eines Standortes — Wohnortmobilität — Arbeitsplatzmobilität — Fluktuation — Cityentleerung — Tagbevölkerung — Nachtbevölkerung — Migrationsbaum — Randwanderungsprozeß — altersspezifische Mobilität — mobilitätsintensive Gebiete — wanderungsschwache Gebiete — Wanderungsdistanz — Mobilitätsbilanz

---

4.3. Wanderungsmotive und Regelhaftigkeiten der Wanderung

Bezeichnend für die Situation der Motivationsforschung im Bereich der Bevölkerungsbewegungen sind die kritischen Fragestellungen, die von der Akademie für Raumforschung und Landesplanung angeführt werden:

„Die Wanderungsvorgänge – die räumliche Mobilität – bilden einen der bemerkenswertesten und bedeutendsten Aspekte der Beziehungen zwischen Raum und Bevölkerung. Dieses gilt nicht erst für die neuere Zeit, wie etwa die Herausbildung der Großagglomerationen, sondern sie reicht weit in die Anfangsgründe der menschlichen Geschichte überhaupt zurück. Um so mehr muß es verwundern, daß gerade die Gesetz- oder Regelmäßigkeiten der Wanderungen bisher wissenschaftlich nur sehr wenig erforscht worden sind.

Unsere Kenntnisse über die räumliche Bevölkerungsmobilität, die über gewisse quantitative Vorgänge hinaus in die qualitativen Zusammenhänge, d. h. in die demographischen, soziographischen und ökonomischen Interdependenzen eindringen, sind äußerst gering. Ganz zu schweigen von Untersuchungen über Ursachen oder Motivationen dieser Vorgänge oder über ihre spezifischen räumlichen Gegebenheiten, etwa im Zusammenhang mit gewissen Regelmäßigkeiten der Wanderungsentfernung, ihres etappenweisen Ablaufes zwischen den einzelnen Siedlungsgrößen usw."

(aus dem Vorwort zu „Beiträge der räumlichen Bevölkerungsbewegung", Veröff. d. Akad. f. Raumforschung und Landesplanung. Bd. 55)

4.3.1. Wanderungsmotive (Abhängigkeitsrelationen)

Eine Zusammenstellung von Typologien der Wanderung ist ob der Vielfalt der Formen sehr schwierig. Ohne Anspruch auf eine theoretische Konzeption zu erheben, scheint die Erfassung von Wanderungsformen, ihre Beschreibung, die Erkundung der Motivationen und das Erkennen des prozeßhaften Ablaufs, wesentlich fruchtbarer zu sein. Besonders der Versuch einer Erklärung von Wanderungen mittels Motivforschung muß trotz mangelhafter wissenschaftlicher Ergebnisse gewagt werden.

(vgl. G. Albrecht, *Soziologie der geographischen Mobilität*. Stuttgart 1972)

4.3.1.1. Der Einfluß von Naturfaktoren auf die Wanderung

Die Vorstellung, daß in der „Natur des menschlichen Organismus" ein „Wandertrieb" oder eine „Wanderlust" verankert sind, wurde besonders aus ideologischen Gründen immer wieder vorgebracht. Sie ist bisher durch keine wissenschaftliche Arbeit bewiesen, die unklare Definition des Motivs wird auch immer eine Verifizierung erschweren.

Auch der Gedanke, daß das Wandern ein „biologisches Erbgut" sei, läßt sich bisher nicht beweisen. Besonders bei den Nomaden und auch bei den Zigeunern erscheint dieser Gedanke als verlockende Erklärungsursache. Gerade in letzterem Fall konnte durch L. Jochimsen („*Zigeuner heute*", Stuttgart 1963, S. 1–6) nachgewiesen werden, daß das Wandern der Zigeuner innerhalb Eurasiens ursächlich mit internen Stammesstreitigkeiten, Spaltungen und Fortzügen zusammenhängt.

Besonders die deterministischen Richtungen in der geographischen Wissenschaft hielten an einer engen Abhängigkeit von menschlichen Gestaltungsmöglichkeiten und naturgeographischem Raum fest. Bücher wie „*Civilization and Climate*" von E. Huntington (3. Aufl., New Haven 1924) machten glaubhaft, daß die Ungunst des Klimas, die schlechte topographische Lage oder der Reliefcharakter einer Landschaft maßgeblich zur Abwanderung der Bevölkerung eines Raumes beitragen.

Heute hält man an diesen einseitigen Abhängigkeitsrelationen nicht mehr fest. Man stellt vielmehr klar, daß die physischen Umweltbedingungen zwar einen gewissen Rahmen für die menschliche Betätigung stellen, den Menschen aber nie so weit beeinflussen, daß er seine Wirtschafts- oder Lebensformen nur an der natürlichen Umwelt ausrichten kann.

4.3.1.2. Politische und religiöse Einflüsse auf die Wanderung — das Beispiel des Einwanderungslandes Israel

Die Geschichte zeigt uns in jedem Jahrhundert Beispiele für Wanderungsbewegungen, die hervorgerufen wurden durch die politische oder religiöse Intoleranz einer Bevölkerungsgruppe gegenüber einer anderen. Man denke nur an die vielfältigen Fluchtbewegungen und Vertreibungsaktionen in Verbindung mit Kriegshandlungen. Die meisten zwangsweisen Wanderungen erreichen großen Umfang.

Auch politische Maßnahmen eines Staates oder einer Regierung zur gewünschten Umverteilung der Bevölkerung innerhalb des Staatsgebietes sind hier zu nennen. Darunter fallen Zwangsmaßnahmen wie sie seitens der UdSSR zur Erschließung und Besiedlung von Teilen Sibiriens durchgeführt wurden, aber auch die Lockmittel steuerlicher Erleichterungen oder sonstiger Vergünstigungen wie sie im Falle West-Berlin von seiten des Berliner Senats gewährt werden.

Religiöse Gruppen stellen innerhalb der menschlichen Gesellschaft eine Einheit dar, die häufig unter äußerem Druck einheitlich zu reagieren beginnt. Besonders religiöse Minderheiten sind in der Vergangenheit immer wieder gewandert, um in der Ausübung ihrer religiösen Pflichten von anderen Gruppen nicht gehindert oder gestört zu werden. Ob man jedoch nun die Wanderung der Hugenotten, der Juden oder puritanischer Gruppen der USA betrachtet, immer erscheint die Religionsausübung nur ein Faktor zu sein, der von anderen Überlegungen wirtschaftlicher, politischer oder ethnisch-sozialer Art überlagert wird. Insofern ist es kaum möglich, den religiösen Faktor als einzige Motivation einer Bevölkerungswanderung in den Vordergrund zu stellen.

Die Einwanderung der Juden nach Palästina soll hier beispielhaft als Wanderungsbewegung mit einigen ihrer Folgeprobleme dargestellt werden. Grundlage des Wanderungsvorganges waren die zionistischen Forderungen nach einer „jüdischen Heimstatt" in Palästina, dem Eretz Israel. Ausgelöst wurden die Wanderungen durch die Judenpogrome in Rußland; so stammten die ersten jüdischen Einwanderer, die Ende des 19. Jahrhunderts nach Palästina kamen, vorwiegend aus Rußland. Solange die Zahl der jüdischen Einwanderer noch relativ niedrig blieb, gab es nur geringe Reibungspunkte mit der ansässigen arabischen Bevölkerung. Als dann vor allem in den Jahren 1932—1936 Juden aus Mitteleuropa in großer Zahl nach Palästina einwanderten und immer stärker auch in die wirtschaftlichen Geschicke des Landes eingriffen, kam es 1936 zu den großen Unruhen unter den Arabern. Bis zur Staatsgründung Israels im Mai 1948 war das Verhältnis von eingewanderten Juden und altansässigen Arabern bestimmt durch große Rivalitäten; in den offenen Kampfhandlungen der Jahre 1947/48 behielten die Juden die Oberhand und die meisten Araber flüchteten nach Gaza, Jordanien, Syrien oder in den Libanon. Als Palästinaflüchtlinge blieben sie dort bis heute ein großes Unruheelement, zumal die arabischen Staaten nicht gewillt waren, sie in das Wirtschafts- und Gesellschaftsleben voll zu integrieren, sondern bewußt die Aufnahme in Flüchtlingslagern propagierten, um das Palästinenserproblem als ungelöstes politisches Provisorium bewußtzumachen.

→ *Atlas*

Bevölkerung Palästinas bzw. Israels (nach Statistical Abstract of Israel, 1973)

	Juden	Anteil am Weltjudentum (in %)	Araber
1882	24 000	0,3	ca. 450 000
1925	122 000	0,8	ca. 660 000
1940	467 000	2,8	859 000
1948	650 000	5,7	ca. 125 000
1951	1 404 000	12,2	173 000
1961	1 932 000	15,0	253 000
1971[1]	2 637 000	18,5	367 000

[1] einschließlich Ostjerusalem

Berufsgliederung der jüdischen und arabischen Bevölkerung Israels (in %) (nach Statistical Abstract of Israel 1968 und 1973)

	Jüdische Bevölkerung		Arabische Bevölkerung	
	1967	1972	1967	1972[1]
Landwirtschaft, Forst, Fischfang	10	6,8	41	19,1
Industrie, Bergbau, Handwerk	26	25,1	16	12,5
Bauwesen	7	7,6	16	26,6
Handel und Finanzen einschl. Tourismus	14	19,3	8	15,1
Transportwesen und Verkehr	8	7,4	6	7,8
öffentl. Dienstleistungen	27	25,3	10	13,5
Private sonstige Dienstleistungen	8	8,5	3	5,4

[1] einschließlich Ostjerusalem

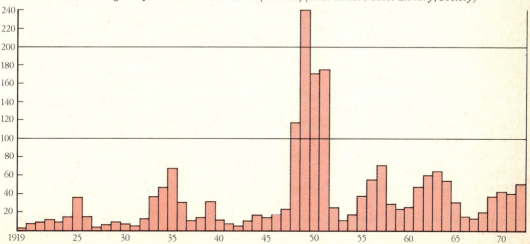

Abb. 52: *Einwanderung der Juden nach Eretz Israel (in 1000) (nach Israel Pocket Library, Society)*

Die politische Situation in Israel war von vornherein durch den Gegensatz von Juden und Arabern geprägt. Über die gegensätzlichen politischen Anschauungen hinweg spiegelt sich diese Polarität besonders in den Berufsstellungen von Juden und Arabern wider.

Auch die Siedlungsstruktur als räumlicher Niederschlag des Wohnverhaltens von Bevölkerungsgruppen gibt uns Hinweise auf die unterschiedlichen Verhaltensweisen jüdischer und nichtjüdischer Gruppen. So wohnten z. B. 1972 49 % der nichtjüdischen Bevölkerung Israels in Städten und 51 % auf dem Lande, wogegen 90 % der jüdischen Bürger Israels in Städten oder städtischen Siedlungen lebten, während nur 10 % in ländlich-dörflichen Siedlungen saßen. Interessant ist dabei, daß die Kibbuzim-Bevölkerung nur 3,3 % aller in Israel lebenden Juden ausmacht. Dieser relativ geringen Zahl von Kibbuzniks entspricht in keiner Weise ihre ideologische und politische Bedeutung für Israel. Unter den Abgeordneten der Knesset, des israelischen Parlaments, und unter den höheren Offizieren der israelischen Armee beträgt der Anteil der Kibbuzniks über ein Drittel der Mitglieder.

Diese Zahlenrelationen geben uns schon einen Hinweis, daß offensichtlich die jüdischen Einwanderergruppen innerhalb Israels unterschiedliche politische, wirtschaftliche und gesellschaftliche Aktivitäten zeigen. In der Tat müssen die nach Israel eingewanderten Juden stark nach landsmannschaftlicher Herkunft und Einwanderungszeitpunkt differenziert werden. Aus beiden Komponenten resultiert die kulturelle Vergangenheit, die schulische Ausbildung und die Berufsstellung der Einwanderer sowie ihr Eintritt in das Gesellschafts- und Wirtschaftsleben Israels.

Jüdische Einwanderer nach Israel nach Herkunftsgebieten

Eingewandert aus:			
	Asien und Afrika	Europa und Amerika	insgesamt
1919 bis 14. 5. 1948	44 809	385 066	452 158
15. 5. 1948 bis 1968	696 670	577 605	1 294 026
1969 bis 1971	40 193	75 486	116 484

Die Einwanderungswellen jüdischer Bürger nach Palästina werden als „Aliya" (wörtlich übersetzt „Aufstieg") bezeichnet (vgl. Tab. S. 80 unten).

Von besonderem Interesse muß es erscheinen, welche Verhaltensformen die jüdischen Bevölkerungsgruppen aus ihren Herkunftsländern übernommen haben und in welcher Weise sie sich an die Situation in Israel angepaßt haben, welche Rolle sie beim Integrationsprozeß spielten.

Die Einwanderergruppen der 1. mit 3. Aliya waren sehr stark von politisch-zionistischen und auch religiösen Motiven beseelt. Sie suchten in Eretz Israel die „Heimat der Väter" und gründeten in ihrer ideologisch-zionistischen Bindung vor allen Dingen die ersten kooperativen ländlichen Siedlungen. Beherrschend war der Gedanke „jüdischen Boden mit jüdischen Händen" zu bearbeiten.

Aber bereits die polnischen Einwanderer der 4. Aliya begannen verstärkt in wenigen städtischen Siedlungen, allen voran in Tel Aviv, wirtschaftlich aktiv zu werden. Die bereits in ihrer alten Heimat vorwiegend als Kleinhandwerker und

1. Aliya	1881—1903	ca. 24 000 Einwanderer	(bes. Rußland)
2. Aliya	1904—1918	ca. 32 700 Einwanderer	(Rußland/Polen)
3. Aliya	1919—1923	35 200 Einwanderer	(Ukraine/Polen)
4. Aliya	1924—1931	112 300 Einwanderer	(Osteuropa/bes. Polen)
5. Aliya	1932—1938	197 000 Einwanderer	(Mittel- u. Osteuropa)
	1939—1944 (2. Weltkrieg)	55 000 Einwanderer	
	1945—14. 5. 1948	73 300 Einwanderer	
	15. 5. 1948—1951	586 700 Einwanderer	(Massenimmigration)

Händler tätigen Einwanderer errichteten bald mit ihren bescheidenen finanziellen Mitteln und ihrem technisch-handwerklichen Wissen Handwerksbetriebe und kleine Industriebetriebe, wobei vor allem die bereits in der alten Heimat betriebenen Branchen des Textil- und Bekleidungsgewerbes sowie der Holzbearbeitung stark bevorzugt wurden.

Obwohl von den im Zeitraum 1932—1938 nach Palästina eingewanderten 197 000 Juden nur 36 000 aus Deutschland stammten, gewannen diese dennoch einen so großen Einfluß, daß die 5. Aliya als die der deutschen Einwanderung bezeichnet wird.

Die deutschen Juden waren in entscheidender Art und Weise von europäischen Lebensformen und vom abendländischen Kulturgut geprägt. Aufgrund der Ausbildung, der beruflichen Stellung und der allgemeinen Verhaltensnormen nahmen die deutschen Juden eine Sonderstellung innerhalb Palästinas ein. Kennzeichnend hierfür ist beispielsweise die Beibehaltung der deutschen Sprache.

Mittels der in Tel Aviv und anderen Orten gegründeten Landsmannschaftsverbänden betonte man bewußt die deutsche Kulturtradition. Da die deutschen Juden hauptsächlich einer mittelgehobenen Bevölkerung entstammten, fanden sie zunächst keine Bindung zu den sich aus einfachen Sozialschichten rekrutierenden osteuropäischen Juden. Zu einem weiteren wichtigen Differenzierungsmerkmal wird die Tatsache, daß die deutschen Juden ihr in Deutschland erworbenes Vermögen mitbrachten und in Palästina Anlagemöglichkeiten suchten.

Das Wirken der deutschen Juden in Tel Aviv setzte sowohl auf wirtschaftlichem Gebiet als auch im kulturell-wissenschaftlichen Leben und im Wohnverhalten neue dynamische Akzente, die einmal im mitgeführten Kapital vermögender Einwanderer, zum anderen in ihrer mitteleuropäischen Lebensform begründet waren. Die städtische Herkunft der deutschen Einwanderer erklärt dabei ihre Vorliebe für private Investitionen im städtischen Bereich.

Als im Mai 1948 der jüdische Staat Israel nach harten Kampfestätigkeiten zwischen Arabern und Juden proklamiert wurde, öffnete dieser seine Grenzen für eine uneingeschränkte Einwanderung aller Juden. Während der Massenimmigration in den ersten Jahren nach der Staatsgründung haben sich die Herkunftsländer der jüdischen Immigranten weitgehend geändert.

Unter den europäischen Einwanderern wurde jetzt der Anteil rumänischer und bulgarischer Juden immer stärker; am wichtigsten aber ist der hohe Prozentsatz der aus afrikanischen und asiatischen Ländern eingewanderten Juden.

Der Wandel der Herkunftsländer ist begleitet von einer veränderten Sozialstruktur der Einwanderer. Kamen bisher in der Regel jüdische Immigranten nach Israel, die eine Schul- und Berufsausbildung besaßen, so ist jetzt für die Emigranten aus den Maghrebstaaten, aus Jemen und Aden, aus der Türkei und dem Irak sowie auch aus Rumänien und Bulgarien geradezu typisch, daß sie bei äußerst geringer schulischer Bildung keine Berufe erlernt haben und damit oft nur als Hilfsarbeiter Verwendung fanden.

Die landsmannschaftlichen Bindungen der Einwanderergruppen waren häufig so stark, daß man besonders in Städten Wohn- und Geschäftsviertel ausmachen kann, die relativ einheitlich von bestimmten Landsmannschaften geprägt sind. Dabei fällt besonders auf, daß die von orientalischen Juden bewohnten Quartiere eine relativ hohe Geburtenrate besitzen, überdurchschnittlich viele Sozialhilfeempfänger beherbergen, eine relativ kleine Wohnfläche pro Person aufweisen und sich als Zeichen einer noch nicht vollzogenen Integration unterdurchschnittlich an Wahlen beteiligen.

Die differenzierten Verhaltensweisen der eingewanderten Juden haben in entscheidender Weise dazu beigetragen, daß wir in Tel Aviv/Jaffa viele Elemente einer landsmannschaftlichen Segregation erkennen. Die durch eine bestimmte Lebensform im Bereich des Wohnens, des Wirtschaftens und der kulturellen Betätigung hervorgerufenen Raummuster stellen jedoch keinen festgefügten unveränderlichen Raumkomplex dar; vielmehr verändern soziale und wirtschaftliche Kräfte laufend die Lebensgewohnheiten der ansässigen Bevölkerung und damit auch die von ihnen bewirkten Raummuster.

Eine entscheidende Bedeutung kommt dabei den staatlichen Maßnahmen zu, die gleichsam als Hebel einer stärkeren Tendenz zur Auflockerung landsmannschaftlicher Bindungen gelten müssen. Der jüdische Staat ist sehr daran interessiert, aus den heterogenen Gruppen zahlreicher jüdischer Landsmannschaften eine israelische Gesellschaft

Ausgewählte Wohnquartiere von Tel Aviv

	Quartiere			
	I	II	III	IV
Bevölkerung 1969 (in % der Gesamtbevölkerung)	20,0	11,2	2,9	7,0
Sozialhilfe 1969 (in % der in Tel Aviv ausgezahlten Summe)	5,9	1,5	8,5	14,9
In Europa/Amerika geborene Juden (in % der Quartierbevölkerung 1971)	56,3	44,4	22,1	2,9
In Asien/Afrika geborene Juden (in % der Quartierbevölkerung 1971)	7,2	7,4	29,3	42,5
Geburtenrate 1970 (in ‰)	8,8	16,5	10,1	23,1
Wohnraum pro Person 1971 (in m² pro Person)	25,9	27,1	11,1	10,8
Beteiligung an der Wahl zum 11. Stadtparlament am 28. Oktober 1969 (in % der Wahlberechtigten)	77,1	81,6	66,8	72,2

Quartier I: Mittlerer Norden Tel Avivs: Meist errichtet bis 1948, hoher Anteil von in den 30er Jahren eingewanderten europäischen Juden; heute Überalterung der Bevölkerung feststellbar.
Quartier II: Nördliches Tel Aviv: Erbaut nach der Staatsgründung 1948, sozial höherstehendes Wohnviertel, Neubauwohnungen für junge Familien.
Quartier III: Manshiye: Ehemals von Arabern bewohnt, die 1948 flüchteten; in die teilweise zerstörten und verfallenen Häuser zogen nach 1948 bulgarische und orientalische Juden mit niederem Lebensstandard.
Quartier IV: Hatikva: Nach 1948 errichtetes Wohnviertel von jemenitischen Juden.

zu schmieden. Daher versucht er bereits bei der Einwanderung, die Neuankömmlinge in die israelische Gesellschaft einzugliedern. Dabei sollen das Angebot an öffentlich finanzierten Wohnungen und der zur Verfügung gestellte Wohnraum eine Hilfsfunktion übernehmen. Man versucht bewußt, über die Anlage von sogenannten Nachbarschaften einheitliche Wohnviertel mit einer ethnisch gemischten Bevölkerungsstruktur zu errichten.

Ein noch bedeutender Integrationsfaktor sind die staatlichen und organisatorischen Maßnahmen zur Arbeitsplatzbeschaffung, zur Berufsausbildung und zum Erlernen der einheitlichen hebräischen Sprache. Sie tragen dazu bei, daß mit der sozialen Sicherheit des Individuums die Bedeutung der landsmannschaftlichen Bindung sinkt.

Die staatlichen Maßnahmen sollen vor allen Dingen dabei helfen, den Schock der Einwanderung zu überwinden, der fast immer dazu führt, daß man mit seinen Landsleuten lebt, um eine erste psychologische Sicherheit zu haben. Für die jungen Leute ist der Dienst in der Armee in aller Regel der entscheidende Wendepunkt in der Identifikationsbereitschaft zur israelischen Gesellschaft und damit auch zur Loslösung von landsmannschaftlichen Bindungen.

Eine Sozialenquête des Israelischen Statistischen Zentralamtes stellt in anschaulicher Weise die Einkommenssituation der zu verschiedenen Zeitpunkten eingewanderten Gruppen dar:

Durchschnittliches Monatseinkommen (in israel. Pfund) 1963/64

Einwanderer aus Europa und Amerika bis 1947	775
Einwanderer aus Europa und Amerika seit 1948	600
Einwanderer aus Asien und Afrika bis 1947	532
Einwanderer aus Asien und Afrika seit 1948	468

Trotz starker staatlicher Bestrebungen ist es damit noch nicht gelungen, den Einkommensunterschied zwischen Alt- und Neueinwanderern sowie zwischen Einwanderern aus Europa/Amerika und den orientalischen Ländern auszugleichen. Es zeigt sich, daß die Startposition zur Erlernung und Ausübung von bestimmten Berufen für die Einwanderer aus verschiedenen Kulturländern aufgrund der stark differenzierten schulischen Bildung und familiären Tradition sehr unterschiedlich ist.

Als besonders problematisch erscheint heute die Alterspyramide der israelischen Bevölkerung. Besonders die vor 1948 aus Europa und Amerika eingewanderten Juden erreichen heute die Pensionsgrenze und scheiden damit aus dem Arbeitsprozeß aus. Es läßt sich nicht übersehen, daß die europäischen und amerikanischen Juden Israels im Gegensatz zu den aus orientalischen Ländern nach Israel eingewanderten Juden heute Überalterungstendenzen aufweisen.

Von gleicher Brisanz ist das Thema der Geburtenrate unterschiedlicher Bevölkerungsgruppen

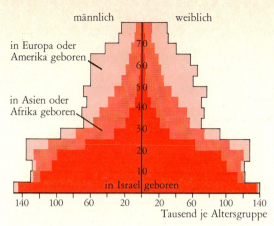

Abb. 53: *Jüdische Bevölkerung nach Alter, Geschlecht und Herkunftsgebiet (Stand 31.12.1971)*

Abb. 54: *Fruchtbarkeitsraten verschiedener Bevölkerungsgruppen in Israel (Geburten pro gebärfähige Frau)*

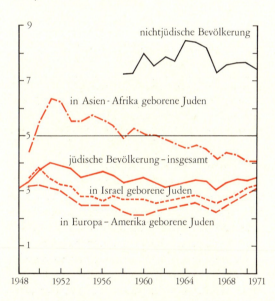

in Israel. Besonders die hohe Differenz in der Geburtenrate von jüdischer und arabischer Bevölkerung Israels führt zu der oft gehörten Befürchtung, daß Israel in wenigen Jahrzehnten nicht mehr dem politischen Druck einer im eigenen Lande stark ansteigenden arabischen Bevölkerung standhalten kann.

Neben der wirtschaftlichen und sozialen Integration der Neueinwanderer war der Staat Israel besonders bemüht, eine Politik der Bevölkerungsstreuung zu betreiben. Es galt vor allen Dingen die Neueinwanderer abzubringen, nicht noch zusätzlich in die attraktiven Ballungsräume von Tel Aviv, Haifa oder Jerusalem zu wandern. Von Obergaliläa bis in den südlichen Negev wurden von staatlicher Seite 30 sogenannte neue Städte erbaut, die Neuzuwanderer oder auch junge israelische Familien aufnehmen sollen. Doch nur wenige dieser neuen Städte haben sich zufriedenstellend entwickelt: Beersheba, Aschkalon und Aschdod im südlichen Israel sind positive Beispiele. Sehr häufig stellt man ansonsten fest, daß es nur gelungen ist, relativ vermögensarme und einkommensschwache orientalische Einwanderer mit preisgünstigen Wohnangeboten in die neuen Städte zu locken; nicht selten kehrt die aktive Wirtschaftsbevölkerung diesen „unterversorgten" Städten so bald als möglich den Rücken und wandert in den Ballungsraum Tel Aviv oder in die Sharon-Küstenebene zwischen Hadera und Aschdod.

Die Bevölkerungsverteilungspolitik hat nicht die erwünschten Erfolge gehabt, die Anziehungskraft Tel Avivs blieb stärker als alle Präferenzmaßnahmen in den meisten neuen Städten. Ende 1972 lebten 53,3 % der israelischen Bevölkerung im Ballungsraum Tel Aviv, der nur 6,8 % der Fläche Israels ausmacht.

4.3.1.3. Wirtschaftlich-ökonomische Überlegungen als Wanderungsmotiv

Der Einfluß, den wirtschaftlich-ökonomische Überlegungen auf die Entscheidungen des Individuums ausüben, dokumentiert sich in vielen Lebenslagen.

a) Bereits bei der Ausbildung der Kinder wird darauf geachtet, daß die Schule in der Nachbarschaft der Wohnung ist, das Gymnasium zumindest in einem benachbarten, leicht erreichbaren Ort und die Universität in nicht allzu großer regionaler Distanz.

b) Aber auch die berufliche Ausbildung birgt in sich den Keim zur räumlichen Mobilität des einzelnen. Dabei braucht man nicht nur auf besondere Berufe hinzuweisen, die von vornherein eine räumliche Mobilität bedingen, wie z.B. Montagearbeiter, Vertreter, Diplomaten etc. Auch das Heer der Beamten stellt ein großes Kontingent von potentiellen Wanderern, ist doch die Beförderung im öffentlichen Dienst – besonders bei den höheren Beamten – nicht selten mit einer Versetzung an einen anderen Ort verbunden.

Auch die Tatsache, daß hochspezialisierte Berufe nicht an jedem beliebigen Ort ausgeübt werden können, führt dazu, daß besonders junge Spezialisten in ihren Anfangsstellungen wandern. Auch die Möglichkeit, in manchen wissenschaftlichen Berufen sich nur an wenigen Punkten der Erde bewähren zu können, trägt dazu bei, etwa den „brain-drain" ausländischer Wissenschaftler an amerikanische Universitäten und Forschungseinrichtungen zu erklären.

c) Untersuchungen in den USA (vgl. G. Albrecht 1972, S. 60) lassen eine Abhängigkeit der Mobilität vom Einkommen erkennen. Insbesondere wird hier auch die „Landflucht" als eine Folgeerscheinung des differenzierten Einkommensniveaus auf dem Lande und in der Stadt erklärt. J. R. Bellerby („Agriculture and Industry Relative Income", London 1956, S. 16) stellt fest, daß bei einer Einkommensrelation von 70–80 % des landwirtschaftlichen Einkommens zum städtisch-industriellen Einkommen die Bereitschaft der auf dem Lande tätigen Arbeitskräfte, in die Stadt zu gehen, stark zunimmt. Dieser Wert gilt allerdings nur für amerikanische Verhältnisse mit einer landwirtschaftlichen Bevölkerung, die ihre Reaktion eng an ökonomischen Gesichtspunkten orientiert. In Mitteleuropa mit den häufig starken gefühlsmäßigen Bindungen der Landwirte an ihren Besitz ist das Ausscheiden aus der Landwirtschaft mit einem zusätzlichen Verzögerungsmoment behaftet.

Neben der Einkommenshöhe spielt als Moment von Wanderungsabsichten auch die Sicherheit des Einkommens eine Rolle. Das zeigt sich in Regionen mit einer monostrukturierten, konsumorientierten und damit krisenanfälligen Industie, wie etwa im nordöstlichen Bayern, wo wir bis heute Abwanderungsbewegungen haben.

Auch für den Entschluß der Auswanderung spielt das wirtschaftliche Sicherheitsrisiko offenbar eine größere Rolle.

„Once more it is insecurity, instability, and violence of statistical ups and downs, rather than constant low or high position, that accompany the Auswanderung."

(M. Walker, Germany and the Emigration 1816–1885, Cambridge/Mass. 1964, S. 56)

4.3.1.4. Wohnorientierte Wanderungen

Die Statistiken weisen aus, daß ca. 70 % der deutschen Bevölkerung nicht mehr an dem Ort wohnen, in dem sie geboren wurden. Neben ökonomischen Ursachen sind es vorrangig auch wohnorientierte Gesichtspunkte, die zur geographischen Mobilität beitragen. Besonders der menschliche Lebenszyklus bedingt für den einzelnen entsprechend dem durchlaufenden Lebens-

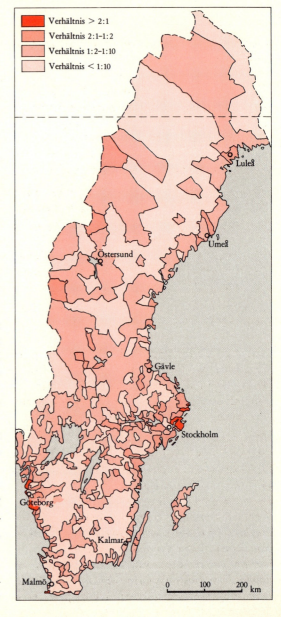

Abb. 55: Verhältnis der Zahl der Freizeithäuser zur Zahl der wohnhaften Haushaltungen in Schweden 1960 (nach Helmfrid)

stadium einen unterschiedlichen Wohnbedarf. Alleinstehende, Familien ohne Kinder, Familien mit Kindern oder die traditionelle 3-Generationen-Familie (Großeltern, Eltern, Kind) benötigen einen verschieden großen Wohnraum, den sie in der Regel nur durch Wanderung erreichen können.

Auch der Wunsch nach einem erholsamen, von landschaftlichen Reizen umgebenen Wohnort spielt eine zunehmende Rolle. Die stark steigende Zahl der Zweitwohnsitze in Form von Freizeitwohnungen oder als Alterssitz dokumentiert einen Wanderungstrend, der stark wohnorientiert ist.

4.3.1.5. An der Persönlichkeit und an der Gesellschaftsstruktur orientierte Wanderungen

Viele persönliche Entscheidungen bedingen die Notwendigkeit einer Wanderung. Eine der wichtigsten Motive scheint die Eheschließung zu sein, die häufig zwischen Partnern geschlossen wird, die an verschiedenen Wohnorten leben und nun zu einem gemeinsamen Wohnsitz tendieren.

„*Eine Auszählung der Eheschließungen im Jahre 1965 in Baden-Württemberg ergab, daß die Zahl der Fälle, in denen die Ehepartner aus verschiedenen Verwaltungskreisen stammten, zur Führung des gemeinsamen Haushalts also ein Umzug über die Kreisgrenzen notwendig wurde, rund 32 % beträgt.*"

(K. Schwarz, *Analyse der räumlichen Bevölkerungsbewegung*, Hannover 1969, S. 31)

Daneben zählen aber auch Pensionierungen, Sterbefälle von Familienangehörigen, Scheidungen etc. zu den individuell-persönlichen Entscheidungskriterien, die eine hohe Relevanz für die Wanderung des einzelnen haben.

Von Sozialpsychologen wird immer wieder auf die Abhängigkeit der Wanderung von der Intelligenz des Individuums hingewiesen. Dabei geht man von der Hypothese aus, „*daß intelligentere Personen eher wandern als die weniger intelligenten Personen, wohl in der Annahme, daß – um in Begriff und Denkweisen der vorwissenschaftlichen Welt zu sprechen – die intelligenteren Personen einen ‚weiteren Horizont', d. h. zahlreichere Informationen, die als Stimuli zu Handlungen dienen könnten, eine größere emotionale und kognitive Beweglichkeit und dergleichen haben.*"

(vgl. G. Albrecht 1972, S. 85)

Obwohl letztlich alle Wanderungsmotive durch gesellschaftsstrukturelle Eigenheiten erklärt werden können, sind es gerade auch gesellschaftliche Phänomene, die primär eine Wanderung der Bevölkerung beeinflussen.

Eine sehr wichtige Rolle in der Geschichte haben dabei Heiratsordnungen und das Erbrecht gespielt. Bedingten erstere über die Heiratsverbote für bestimmte Bevölkerungsschichten ein bewußtes Hemmnis der Mobilität, so zwang das herrschende Erbrecht in der Form des Anerbenrechts die aus dem Erbhof ausscheidenden, jedoch finanziell abgefundenen Nachkommen andere Berufe zu ergreifen und damit nicht selten auch den bisherigen Wohnort zu wechseln. Bei Realteilung ist hingegen die Tendenz am Geburtsort zu bleiben, wesentlich höher, da man Grundbesitz erbt.

In ländlichen und kleinstädtischen Räumen ist sicher auch die soziale Kontrolle durch die Nachbarn oder Siedlungsbewohner ein Grund, dem unliebsamen „Beobachtetwerden" zu entfliehen und die Anonymität einer Großstadt zu suchen. Umgekehrt treffen wir besonders in den USA auf das Phänomen, daß von demjenigen, der eine bestimmte berufliche Stellung oder ein bestimmtes Einkommen besitzt, erwartet wird, sich in einem Wohnviertel niederzulassen, in dem seine Nachbarn gleiche Berufsstellungen und vergleichbares Einkommen haben.

Auch das Auflösen von traditionellen Sozialstrukturen bewirkt häufig eine sehr große Wanderungstätigkeit. So gehen die starken Bevölkerungsbewegungen in den meisten Entwicklungsländern (Zuzug in die Großstadt) häufig mit einem Zerschlagen der Sozialstruktur der Großfamilie einher.

4.3.2. Regelhaftigkeiten der Wanderung

Ganz sicher muß man Wanderungsbewegungen in ihren Ursachen, Intensitätsabläufen und Folgewirkungen danach unterscheiden, ob sie in erzwungener (Vertreibung, Umsiedlung etc.) oder freiwilliger Form (persönlicher Entschluß) stattfinden.

Betrachten wir die heutige Situation in der Bundesrepublik Deutschland sowie in weiten Teilen der westlichen Welt, so ist sicher der persönliche Wanderungsentschluß das dominante Kriterium der Wanderungsmotivation. Diesem freien Entschluß geht eine Bewertung und ein Vergleich der Raumqualitäten des gegenwärtigen Wohnorts mit denjenigen eines gewünschten Wohnortes voraus. Das daraus resultierende Urteil ist sicherlich subjektiv, d. h. jeder Mensch oder jede Gruppe wird eine unterschiedliche Wertskala für den Standort anwenden. Urteil und Wertskala hängen ab vom Umfang der vorhandenen Informationen, von der geistigen Beweglichkeit, der Risikobereitschaft und den Bedürfnissen des einzelnen. In der Regel ist daher oft auch nicht ein Motiv für den Wanderungsentschluß maßgebend, sondern ein ganzes Bündel von Motiven.

4.3.2.1. Die Formel „Lohnwert – Wohnwert – Freizeitwert"

Die Formel vom „Lohnwert – Wohnwert – Freizeitwert" (vgl. H. Jürgensen, *Lohnwert – Wohnwert – Freizeitwert. Optimierungsparameter einer produktivitätsorientierten Regionalpolitik*. Hamburg 1968) wird von seiten der Regionalplanung als wichtiger Parameter für Motivationen der Wanderungen in der Bundesrepublik Deutschland diskutiert. Dabei ist diese Dreiheit nicht nur als eine gegenwärtig bestehende Ursachenkombination anzusehen; Jürgensen vertritt die Meinung, daß die drei Bewertungskriterien auch eine zeitliche Motivationskette darstellen.

Für die Wanderungsbewegungen der ersten Phase war danach die Suche nach einem Arbeitsplatz das dominante Kriterium; bestimmend waren die Verdienstmöglichkeiten, d. h. der Lohnwert. Diese arbeitsorientierten Wanderungen führten zum Entstehen und Auffüllen der ersten großen europäischen Industriegebiete (z. B. Mittelengland, Belgien, Ruhr-Revier). In Zeiten wirtschaftlicher Krisen gewinnt die arbeitsorientierte Wanderung an Bedeutung (vgl. auch die Situation der Bundesrepublik Deutschland nach 1945).

Mit zunehmender Einkommenshöhe und mit einer zunehmenden regionalen Angleichung des Einkommensniveaus tritt die Orientierung am Lohnwert zurück zugunsten einer Orientierung am Wohnwert. Der Wunsch nach Verbesserung der Wohnverhältnisse wird realisiert durch die verbesserten Möglichkeiten des individuellen Verkehrs. Der eigene PKW erlaubt es, daß sich Wohnsiedlungen in einiger Entfernung von den Standorten der Arbeitsplätze entwickeln.

Tritt die Situation ein, daß der Wohnraummangel weitgehend abgebaut ist, der Wohnungsmarkt von der Angebots- und Nachfrageseite her ausgeglichen ist, die Einkommen weiter steigen und die wöchentliche Arbeitsstundenzahl abnimmt, so gewinnt das Problem der Freizeitbewältigung eine immer größere Bedeutung. Immer häufiger orientieren sich die Wanderungen am Freizeitwert einer Region. Das kulturelle Angebot attraktiver Städte oder die Wohnsiedlungen in Nachbarschaft von Erholungsgebieten („Wohnen im Grünen") nehmen in der Wertskala einen erstrebenswerten Rang ein.

Motive des Zu- und Wegzugs, Stadt Ulm 1968 (nach F. Schaffer, Faktoren und Prozeßtypen der räumlichen Mobilität. In: Münchner Studien zur Sozial- und Wirtschaftsgeographie Bd. 8, 1972, S. 43)

Gründe	Zuzüge	Wegzüge in %
I. Arbeitsplatzorientierte Motivationen		
Versetzung	7,3	7,8
Wechsel des Arbeitsplatzes	22,0	17,8
	29,3	25,6
II. Persönliche/familiäre Gründe		
Verheiratung	10,9	17,9
Rückkehr zur eigenen Familie	9,0	5,7
Sonstige familiäre und gesundheitliche Gründe	4,9	4,3
	24,8	27,9
III. Wohnungsorientierte Motivationen		
„Bessere Mietwohnung"	15,0	25,3
Bezug eines Eigenheimes	k. A.	12,3
Bezug einer Eigentumswohn.	k. A.	4,5
„Fühlungsvorteile" zu zentralen Einrichtungen	24,5	—
	39,5	42,1
IV. Sonstige Gründe	6,4	4,4
Beibehaltung des Arbeitsplatzes beim Umzug	61,8	55,0

Neben diesen Orientierungen am Lohnwert, Wohnwert und Freizeitwert dürfen jedoch die rein persönlichen Gründe als Wanderungsmotive nicht unberücksichtigt bleiben. Hierzu sind etwa die zahlreichen Wanderungsbewegungen zu rechnen, die nach der Eheschließung erfolgen. Auch die Wanderung von Studenten an den Standort der Universität oder der Berufsausbildung kann man unter persönlichen Motiven erfassen.

Von besonderer Bedeutung für die Wanderung wird auch der Lebenszyklus der Familie (vgl. A. Silbermann, *Vom Wohnen der Deutschen. Eine soziologische Studie über das Wohnerlebnis.* Fischer Bücherei 1966). Der „wachsende Familienhaushalt" (Periode von ca. 6–10 Jahren; jüngere Ehepaare von der Heirat bis zur Geburt des jüngsten Kindes), der „stagnierende Familienhaushalt" (Periode von ca. 15–20 Jahren; Ehepaare mittleren Alters mit Kindern, die sich in der Schul- oder Berufsausbildung befinden) und der „schrumpfende Familienhaushalt" (Kinder verlassen die Wohnung der Eltern; älteres Ehepaar im Ruhesitz) stellen unterschiedliche Ansprüche des Wohnraumbedarfs. Nur durch eine hohe Mobilität läßt sich der Wohnraum der entsprechenden Familiensituation anpassen.

4.3.2.2. Aufgaben der Mobilitätsforschung

Um eine einigermaßen gute Aussage über Bevölkerungswanderungen treffen zu können, muß die Mobilitätsforschung folgende wichtige Tatbestände und Vorgänge untersuchen:

a) Wer wandert?

Personenkreis der Wanderer

- Inländer – Ausländer
- Geschlecht (männlich – weiblich)
- Altersgruppe
- Familienstand (ledig – verheiratet)
- Schüler bzw. Studenten – Erwerbstätige – Rentner
- Einpersonenhaushalte – Mehrpersonenhaushalte – Familien mit schulpflichtigen Kindern – Familien ohne Kinder
- Haus- bzw. Wohnungseigentümer – Hauptmieter – Untermieter

b) Warum wird gewandert?

Motivforschung

- ökonomische (arbeitsorientierte) Gründe
- wohnorientierte Gründe
- freizeitorientierte Gründe
- persönliche und soziale Gründe
- weitere Motive, die sich zum Teil mit den vorgenannten decken können: freiwillige oder erzwungene Wanderung; politische, religiöse oder psychologische Gründe

c) Wohin wird gewandert?

Unterscheidung von Herkunfts- und Zielgebieten, Bestimmung der Wanderungsdistanz, Erfassung der Wanderungsströme und ihrer Verflechtungen; Typen von zielgerichteten Wanderungen:

- innerstädtische Wanderung
- Wanderungen über die Gemeindegrenzen, z. B. von Kernstadt in Stadtrandgemeinden, von peripherer Region zum Verdichtungsraum
- Wanderungen über die Staatsgrenzen, z. B. Einwanderung und Auswanderung

d) In welchen Prozessen läuft die Wanderung ab?

Erfassung von charakteristischen Wanderungsabläufen, z. B.

- Stadt-Umland-Wanderung (Kernraumentleerung)
- Land-Stadt-Wanderung
- Bergflucht
- gelenkte Umsiedlungsaktionen

e) Welche Folgen bewirkt die Wanderung im Herkunfts- und im Zielgebiet?

Demographische, wirtschaftliche, soziale und verkehrstechnische Konsequenzen für Herkunfts- und Zielgebiet.

4.3.2.3. Regelhaftigkeiten der Bevölkerungswanderung in der Industriegesellschaft

- Die Stärke des Wanderungsstromes nimmt mit der Einwohnerzahl des Herkunftsgebietes zu.
- Je höher die Einwohnerzahl des Zielgebietes ist, bzw. je mehr Wohnungen, Arbeitsplätze,

Ausbildungsstätten, Einkaufsmöglichkeiten, Absatzchancen etc. gegeben sind, desto stärker ist der Zuwanderungstrend.

● Mit zunehmender Entfernung zwischen Herkunfts- und Zielgebiet nimmt die Stärke des Wanderungsstromes ab, da die persönliche Information über ferne Gebiete geringer ist, die große Entfernung einen Wechsel des Arbeitsplatzes oder der Schule bedeutet, und die räumliche Distanz häufig zu Anpassungsschwierigkeiten führt (andere Lebensgewohnheiten, aufgegebene Familienbindung, andere Mundart etc.).

● Die 18- bis 35jährigen weisen gegenüber anderen Altersstrukturen eine relativ hohe Mobilität auf. Damit korreliert die Feststellung, daß Alleinstehende wesentlich häufiger wandern als Familien. Es besteht damit ein eindeutiger Zusammenhang zwischen räumlicher Mobilität und spezifischen Lebensabschnitten des Menschen.

● Berufsspezialisten weisen eine wesentlich höhere Mobilitätsrate auf als Angehörige von Massenberufen, die nahezu überall Beschäftigung finden, während die Spezialisten ihre Ausbildung und ihre beruflichen Aufstiegschancen nur an wenigen Orten wahrnehmen können. Hier zeigt sich auch die Wechselwirkung von sozialer Mobilität (beruflicher Mobilität) und räumlicher Mobilität.

● In Zeiten eines wirtschaftlichen Booms ist die Bevölkerung wesentlich mobiler als in Zeiten einer wirtschaftlichen Krise, d. h., der Umfang der Bevölkerungswanderung ist von der Konjunkturlage abhängig.

4.3.3. Die mobile Gesellschaft

Die bisherige Betrachtung der Bevölkerungswanderung und der Mobilitätsabläufe haben erkennen lassen, daß insbesonders Verhaltensweisen und Kontakte einzelner Bevölkerungsgruppen sowie die Orientierung an den Daseinsfunktionen der Bevölkerung zum entscheidenden Kriterium der Mobilität werden.
Für die Kenntnis von Wanderungsbewegungen einzelner Bevölkerungsgruppen ist daher von Bedeutung, die Reichweiten kennenzulernen, innerhalb derer diese Gruppen agieren. Diese Reichweite wurde von K. Ruppert als *„gruppenspezifische Reaktionsweite"* angesprochen, wobei noch differenziert wird zwischen einer potentiellen und einer effektiven Reichweite.

Von geographischer Seite wurde durch W. Hartke (1959) *„Die Räume gleichen sozialgeographischen Verhaltens"* in die Diskussion eingeführt. Bestimmend für die Erfassung von Räumen gleichen sozialgeographischen Verhaltens wird dabei die Untersuchung des Einflusses von „sozialen Kräftefeldern" auf die vorhandene Raumstruktur. Das Verhalten und der Entscheidungsimpuls des einzelnen Menschen sind die wesentlichen Ursachen raumverändernder Prozesse.

Nun zeigt sich aber bei einer vergleichenden Betrachtung der menschlichen Tätigkeiten, daß die einzelne Person zwar ihre eigene Entscheidung trifft, sich jedoch an den Normen einer bestimmten Gesellschaftsordnung (Wirtschaftsordnung, politisches System) orientiert und einer sozialen Kontrolle der Gemeinschaft unterworfen ist. Daraus resultiert ein gleichgerichtetes soziales Verhalten einer größeren Anzahl von Menschen, einer sozialen Gruppe, die mit ihren Verhaltensnormen und Entscheidungen als Gemeinschaft die Raumstruktur verändert.

Für die Beurteilung und die räumliche Wirkung von Mobilitätserscheinungen der Bevölkerung sind beide Ansätze von besonderer Bedeutung geworden. Durch die Überlegungen von K. Ruppert und F. Schaffer wurden die Forschungen zu den Wanderungsbewegungen immer stärker auch vor dem Hintergrund der menschlichen Daseinsgrundfunktionen (In-Gemeinschaft-Leben, Wohnen, Arbeiten, Sichversorgen, Sichbilden, Sicherholen, Am-Verkehr-Teilnehmen) gesehen.

Die jüngsten Forschungsansätze versuchen über den „Aktionsraum des Menschen" die Mobilitätsvorgänge besser zu ergründen.

„Der sozialgeographische Raum ist als eine Abstraktion zu verstehen, dessen Grenzen durch spezifische Reaktionsreichweiten und Reaktionspotentiale der sozialen Gruppen bestimmt werden, die ihre verschiedenen Aktivitäten innerhalb eines Gebietes entwickeln. Jeder Mensch bzw. jede soziale Gruppe (Familie) besitzt einen festen Aktionsraum, ein individuelles Aktivitätenstandortsystem, worunter die durch Zwischenschaltung von Bewegungsvorgängen zustande kommende Verknüpfung verschiedener Aktivitäten (Wohnen, Arbeiten, Bildung, Dienstleistungsversorgung) an verschiedenen Standorten

zu verstehen ist. Durch die gruppenspezifisch und zeitlich, d. h. vor allem lebenszyklisch unterschiedliche Gewichtung der verschiedenen Aktivitäten, sind die Grenzen des jeweiligen individuellen Aktivitätenstandortsystems dynamisch. Aktivitätenstandortsysteme können im Zeitablauf aufgebaut, erneuert, ausgebreitet oder abgebaut werden.

Regionale Mobilitätsvorgänge i. w. S. sind als raumzeitliche Prozesse zu verstehen, welche auf Aktivitätenstandortsysteme einwirken. Sie können zu einem Wechsel einzelner, mehrerer oder aller Standorte von Aktivitäten einer Person oder einer Gruppe führen. Dabei wird vielfach die Wahl der Standorte so getroffen, daß mit einem Minimum von Bewegungsaufwand ein Maximum von Befriedigung im Rahmen bestimmter Existenzziele und Handlungsmöglichkeiten erreicht wird."

(H.-P. Gatzweiler 1973, S. 1 f.)

Helmfrid (1968) stellt folgerichtig deshalb die Frage, ob unsere herkömmliche Definition von „Mobilität" noch dem Bild des Aktionsraumes des Menschen entspricht.

„Der Begriff ‚Mobilität' ist seit Jahrzehnten in Begriffen wie Umsiedlung, Umzug und Binnenwanderung definiert worden. Diese aus methodischen Gründen erfolgte Begrenzung des Begriffsinhalts ist erklärlich. Vor 30 Jahren war noch der Wechsel des Wohnortes der geographisch bedeutsamste Ausdruck räumlicher Mobilität. ... Heute müssen wir aber den Begriff Beweglichkeit im räumlichen Sinne weiter differenzieren, um grundsätzliche Erkenntnisse des geographischen Wandels nicht zu übergehen. Es kann sogar sein, daß die wachsende Beweglichkeit überhaupt zur Konstanz der ‚Mobilität' im bisherigen Sinn entscheidend beiträgt. Die wachsenden Pendlerreichweiten machen z. B. manchen Wohnungswechsel unnötig."

(Helmfrid 1968, S. 445 f.)

→ *Atlas*

Der Mensch in der hochindustrialisierten Gesellschaft (Wohlstandsgesellschaft) lebt nach Helmfrid großräumig-beweglich, d. h. er besitzt die Möglichkeiten, seine Daseinsfunktionen an völlig verschiedenen Standorten wahrzunehmen, der Aktionsraum des Menschen ist stark ausgeweitet.

Gerade für Länder mit einer Bevölkerung, die den Vorstellungen einer Wohlstandsgesellschaft bereits nahegekommen ist, trifft Helmfrids Satz über den kulturgeographischen Wandel zu:

„Zunehmende Konzentration von Arbeits- und Wohnstätten auf kleine Räume bei abnehmender Bindung an sie durch steigende Mobilität und wachsende Freizeit."

→ *Atlas*

Nach Helmfrid (1968) beinhaltet der Begriff der geographischen Mobilität folgende fünf räumlich wirksame Größen:

● Als wichtiger Faktor der Beweglichkeit erweist sich die Geschwindigkeit der Personentransportmittel. Dabei wächst die „Raumbeherrschung" des Menschen im Quadratverhältnis zur Geschwindigkeit seines Transportmittels. Setzt man die Geschwindigkeit des Pferdewagens zu 6 km/h und die des Autos zu 60 km/h, ist die Reichweite pro Zeiteinheit verzehnfacht, die „Raumbeherrschung", die Zahl der in der Zeiteinheit erreichbaren Punkte, verhundertfacht.

● Die jährlich zurückgelegte Strecke je Einwohner ist ein Maß für die gesteigerte Beweglichkeit der Gesellschaft. Für Schweden wurde statistisch nachgewiesen, daß die Personenkilometerleistung aller Personentransportmittel pro Jahr und Einwohner sich im Zeitraum 1925–1964 von 800 auf 7900 fast verzehnfacht hat. Gerade das Auto als Verkehrsmittel gewährt die Möglichkeiten der Ausdehnung des individuellen Aktionsraums.

● Die Mobilität (Wanderung) im bisherigen begrenzten Sinn bezieht sich auf den Wechsel des ständigen Wohnsitzes zwischen den Gemeinden. Dabei handelt es sich nur um einen bescheidenen Teil aller tatsächlichen Fortbewegungen der Menschen im Raum. Die Mobilität nach der statistischen Definition stellt sogar nur einen Teil der tatsächlichen Wohnungswechsel dar, da die innerkommunalen Umzüge unberücksichtigt bleiben.

● Durch die Berücksichtigung der „Frequenz des kurzperiodischen Wohnungswechsels" wird das geographische Bild der mobilen Gesellschaft erst vollständig. Bei steigendem Einkommen und wachsender Freizeit ist die Reisetätigkeit stark gewachsen, während die Bindung an einen festen Wohnsitz im gleichen Maße abnimmt. Mit der Erfassung der Übernachtungsorte im Jahr je Person könnte man Unterlagen für Angaben über die quantitative Entwicklung dieses Ausdrucks der Beweglichkeit gewinnen.

● Die durchschnittliche Entfernung Wohnung–Arbeitsplatz oder Wohnung–Einkaufsstätten hat sich vergrößert. Ursache dieser Entwicklung ist eine Änderung in der Bewertung von Raumdistanzen.

„Die wachsende Beweglichkeit und Bewegung der Menschen lassen herkömmliche statische Raumstrukturen an Inhalt und Bedeutung verlieren. Wir können dies am Beispiel der Bevölkerungskarte beleuchten. Die traditionelle Bevölkerungskarte zeigt heute keine tatsächliche Verteilung der Menschen im Raum, nicht einmal den Durchschnittszustand, sondern nur die Punkte, wo laut Volksbuchführung die Menschen legal registriert sind. In dem Fluß der Bewegung können wir heute drei sich oft wiederholende, verhältnismäßig stabile Verteilungsmuster der Bevölkerung im Raum beobachten, denen jeweils eine ‚Bevölkerungskarte' gewidmet werden müßte. Die erste, die ‚normale' Bevölkerungskarte zeigt annähernd die Verteilung der Nachtbevölkerung in der Arbeitswoche. Eine zweite wäre erforderlich für die Arbeitszeit der meisten Beschäftigten, die Tagbevölkerung der Arbeitswoche. Von diesen unterscheidet sich wahrscheinlich ganz erheblich die dritte Karte, die Bevölkerungskarte der Freizeit, differenziert nach Wochenenden und Urlaubszeit. Alle drei oder vier erwähnten Kartenbilder wären als Durchschnittszustand zu bewerten."

(Helmfrid 1968, S. 446 f.)

Weiterführende Literatur

1. R.-W. Borchardt, *Flüchtlingsproblem in aller Welt. Gemeinschaftskunde in der Praxis.* Kiel 1963.
2. O. Boustedt, *Wachsende, stagnierende und schrumpfende Gemeinden. Die Analyse der regionalen Bevölkerungsentwicklung auf dem Wege der Typisierung,* in: *Raumforschung und Raumordnung* 15, 1957.
3. E. W. Buchholz, *Methodische Probleme der Erforschung von Wanderungsmotiven,* in: *Forschungs- und Sitzungsberichte d. Akad. f. Raumforschung und Raumordnung,* 55, 1970.
4. H.-P. Gatzweiler, *Versuch einer Abgrenzung von Regionen zur Unterscheidung inner- und interregionaler Mobilitätsvorgänge,* in: *Rundbrief. Institut für Landeskunde* 8/1973.
5. St. Helmfrid, *Zur Geographie einer mobilen Gesellschaft,* in: *GR* 20/1968.
6. J. Hübschle / R. G. Wieting, *Struktur und Motiv der Wanderungsbewegung in der Bundesrepublik Deutschland.* Basel 1968.
7. W. Langenheder, *Die Ursachen regionaler Wanderungen. Ein Beitrag zur Theorie der Wanderungen.* München 1968.
8. St. Münke, *Die mobile Gesellschaft. Eine Einführung in die Sozialstruktur der Bundesrepublik Deutschland.* Stuttgart, Berlin, Köln, Mainz 1967.
9. H. Schlenger, *Das Weltflüchtlingsproblem,* in: *Verh. d. Dt. Geographentages,* 31, 1957.

Arbeitsthemen und Referate

Der Stellenwert der Wanderungsvorgänge in unserer mobilen Gesellschaft
Grundlegende Probleme der Mobilitätsforschung
Die Wanderung als räumlicher und zeitlicher Prozeß
Der Einfluß ökonomischer Bedingungen auf die Wanderungstätigkeit

Wanderungsmotiv — Zweitwohnsitz — Freizeitwohnsitz — Lohnwert — Wohnwert — Freizeitwert — Lebenszyklus (wachsender, stagnierender und schrumpfender Familienhaushalt) — Mobilitätsforschung — mobile Gesellschaft — gruppenspezifische Reaktionsweise — Räume gleichen sozialgeographischen Verhaltens — Aktionsraum des Menschen